Corinna Bauer

Positive Leadership
Erfolgreiche Unternehmensführung in Zeiten der Globalisierung

Bibliografische Information der Deutschen Nationalbibliothek:

Die Deutsche Nationalbibliothek verzeichnet diese Publikation in der Deutschen Nationalbibliografie; detaillierte bibliografische Daten sind im Internet über http://dnb.d-nb.de abrufbar.

Impressum:

Copyright © Science Factory 2019

Ein Imprint der GRIN Publishing GmbH, München

Druck und Bindung: Books on Demand GmbH, Norderstedt, Germany

Covergestaltung: GRIN Publishing GmbH

Vorwort

Die vorliegende wissenschaftliche Arbeit ist für alle Manager, Führungskräfte, Unternehmer, angehende Führungspersönlichkeiten sowie alle Menschen verfasst worden, die sich mit den Inhalten einer wertebasierten und stärkenorientierten Unternehmenskultur befassen möchten. Sie soll einen Beitrag dazu leisten, die Bewusstheit in Unternehmen zu schaffen, dass durch den Einsatz der Positiven Psychologie das psychologische Kapital eines Unternehmens erhöht und so auf Organisationsebene eine Leistungssteigerung erzielt werden kann.

Da ich unternehmensinterne und -externe Workshops zum Thema Change-Management, Organisationskultur und Führungskompetenz begleite und moderier, möchte ich die bereits wissenschaftlich bestätigten, positiven Wirkungen von Positive Leadership, wie die Verringerung der Krankheitsquote, die Erhöhung der Mitarbeiterzufriedenheit oder die Erhöhung der gesamten unternehmerischen Leistung durch zusätzliche empirische Forschungen untermauern und diese Erkenntnisse Unternehmen zugänglich machen

Aus Gründen der besseren Lesbarkeit wird im Text auf die gleichzeitige Verwendung männlicher und weiblicher Sprachformen verzichtet. Sämtliche Personenbezeichnungen gelten gleichermaßen für beiderlei Geschlechter

Abstract

Ziel: Das Ziel der vorliegenden Arbeit ist es, den Führungsansatz Positive Leadership wissenschaftlich zu untersuchen. Im literaturbasierten Abschnitt wird das Modell der Mitarbeiterführung und -motivation auf den drei Säulen Vision, Stärken und Flow begründet sowie der Nutzen von Positive Leadership beschrieben. Der interviewbasierte Teil umfasst die Beantwortung von zwei Forschungsfragen und die Darstellung von Handlungsempfehlungen. Mit der ersten Forschungsfrage werden aktuelle Ansätze sowie Herausforderungen der Führungsaufgabe von leitenden Angestellten erhoben. Die zweite Forschungsfrage adressiert das Entwicklungspotenzial und die perspektivischen Maßnahmen zum Ausbau des Führungsansatzes. Unter Verwendung der Forschungsergebnisse werden anwendungsbezogene Mitarbeiter- und Organisationsentwicklungsmaßnahmen abgeleitet.

Methoden: Zur Datenerhebung werden fünf leitfadengestützte Experteninterviews geführt. Die Interviews werden vollständig transkribiert und anhand einer qualitativen Inhaltsanalyse ausgewertet. Durch die Erstellung von Einzelanalysen werden die Ergebnisse dimensionsbezogen analysiert und anschließend in einer Gesamtanalyse auf das Konstrukt Positive Leadership, zur Beantwortung der Forschungsfragen, übertragen.

Ergebnisse: Aus den literaturbasierten Erkenntnissen geht hervor, dass der Einsatz des Führungsmodells Positive Leadership die psychologischen Voraussetzungen zur Leistungssteigerung von Unternehmen auf individueller, interpersoneller sowie organisationaler Ebene erhöht und die leistungsbezogenen Ergebnisse von Organisationen begünstigt. Die literaturbasierten Ergebnisse zeigen, dass neben der fehlenden organisatorischen Verankerung des Positive Leadership-Ansatzes, die größten Herausforderungen zur Ausübung des Führungsmodells, der Verlust der Sinngebung der Tätigkeit von Mitarbeitern, die nicht-stärkenorientierte Personalentwicklung sowie der zu seltene Führungskräfte- und Mitarbeiterdialog sind. Durch den Einsatz eines Chief Mindfulness Officers sowie Führungskräftecoaches, kann Positive Leadership in der Organisation verankert werden.

Wissenschaftliche Schlagwörter:

VUCA-Welt, Positive Leadership, psychologisches Kapital, Positive Psychologie

Praxisbezogene Schlagwörter:

Industriebranche, Interviewforschung

Inhaltsverzeichnis

Vorwort III

Abstract IV

Abkürzungsverzeichnis VIII

Abbildungsverzeichnis IX

Tabellenverzeichnis X

1 Einleitung 1

1.1 Problemstellung 1

    1.1.1 Externe Herausforderungen für Unternehmen 1

    1.1.2 Interne Herausforderungen für Unternehmen 1

    1.1.3 Ableitung der Problemstellung 2

1.2 Zielsetzung 3

1.3 Vorgehensweise und Aufbau der Arbeit 3

2 Theoretische Grundlagen des Positive Leadership-Ansatzes 5

2.1 Positive Leadership 5

    2.1.1 Ursprünge der Positiven Psychologie 5

2.2 Sinn und Vision 10

    2.2.1 Wirkung und Bedeutung 11

2.3 Talente und Stärken 13

    2.3.1 Wirkung und Bedeutung 14

2.4 Flow und Engagement 15

    2.4.1 Wirkung und Bedeutung 16

2.5 Zusammenfassung und Ableitung der Forschungsfragen 18

    2.5.1 Zusammenfassung der theoretischen Grundlagen 18

    2.5.2 Ableitung der Forschungsfragen 19

3 Methode 20

3.1 Darstellung des Forschungsdesigns 20

    3.1.1 Beschreibung des Forschungsmodells 20

    3.1.2 Auswahl und Beschreibung des Erhebungsinstrumentes 21

    3.1.3 Auswahl und Kontaktierung der Experten 22

3.2 Erstellung und Anwendung des Interviewleitfadens 26

    3.2.1 Operationalisierung des Positive Leadership-Ansatzes 26

    3.2.2 Darstellung des Interviewleitfadens 41

    3.2.3 Beschreibung der Datenerhebung 46

3.3 Beschreibung der Auswertungs- und Analysemethode 47

    3.3.1 Darstellung der Auswertungsmethode 48

    3.3.2 Beschreibung der Analysemethode 50

3.4 Zusammenfassung relevanter Erkenntnisse 53

4 Darstellung der Ergebnisse 54

4.1 Darstellung der Einzelanalyse 54

    4.1.1 Dimension Vision (Status Quo) 54

    4.1.2 Dimension Stärken (Status Quo) 58

    4.1.3 Dimension Flow (Status Quo) 60

    4.1.4 Dimension Vision (Perspektive) 63

    4.1.5 Dimension Stärken (Perspektive) 66

    4.1.6 Dimension Flow (Perspektive) 70

4.2 Darstellung der Gesamtanalyse 75

    4.2.1 Darstellung des Forschungshorizontes Status Quo 75

    4.2.2 Darstellung des Forschungshorizontes Perspektive 77

4.3 Zusammenfassung und Beantwortung der Forschungsfragen 78

    4.3.1 Beantwortung der ersten Forschungsfrage 78

    4.3.2 Beantwortung der zweiten Forschungsfrage 79

5 Diskussion und Interpretation 80

5.1 Interpretation der Ergebnisse 80

    5.1.1 Status Quo des Konstruktes Positive Leadership 80

    5.1.2 Perspektive des Konstruktes Positive Leadership 82

    5.1.3 Positive Leadership 84

    5.1.4 Vision 85

    5.1.5 Stärken 85

    5.1.6 Flow 86

5.2 Ableitung von Handlungsempfehlungen 86

    5.2.1 Funktionale Handlungsempfehlung 86

    5.2.2 Prozessuale Handlungsempfehlung 88

5.3 Reflexion des eigenen Vorgehens 90

5.3.1 Intersubjektivität **90**

    5.3.2 Offenheit 94

    5.3.3 Analysemethode 95

    5.3.4 Reflexivität 96

5.4 Konsistenzregel 97

6 Fazit und Ausblick **98**

6.1 Zusammenfassung der zentralen Erkenntnisse 98

6.2 Wissenschaftliche und praxisbezogene Implikation 99

6.3 Fazit 100

Literatur- und Quellenverzeichnis **101**

Artikel und Bücher 101

Fachzeitschriften und Publikationen 104

Internetquellen 104

Abkürzungsverzeichnis

Abkürzung	Ausführung
VUCA-Welt	Welt, die durch Volatilität, Unsicherheit, Komplexität und Ambiguität geprägt ist
POS	Positive Organizational Scholarship
BMAS	Bundesministeriums für Arbeit und Soziales
INQA	Initiative Neue Qualität der Arbeit
SPSS Methode	„Sammeln", „Prüfen", „Sortieren" und „Subsumieren" Methode
BDSG	Bundesdatenschutzgesetz vom 27. Januar 1977; (BGBl. I S. 201), i.d.F. vom 30. Juni 2017; (BGBl. I S. 2097), zuletzt geändert durch Gesetz vom 25. Mai 2018 (BGBl. I S. 2097)
CMO	Chief Mindfulness Officer
IT	Informationstechnologie
TW	Themenwert
PW	Personenwert
EQ	Erfüllungsquote in Prozent
FK	Führungskraft
FKo	Fragenkomplex
Kx	Subkategorie
t/t	teils/teils

Abbildungsverzeichnis

Abbildung 1: Konstrukt des Positive Leadership-Ansatzes 10

Abbildung 2: Darstellung des Flow-Zustandes 17

Abbildung 3: Darstellung des Forschungsmodells 20

Abbildung 4: Darstellung des Operationalisierungsprozesses 26

Abbildung 5: Darstellung der Analysedimensionen im Forschungsmodell 27

Abbildung 6: Darstellung der Fragenkomplexe im Forschungsmodell 28

Abbildung 7: Ausschnitt aus dem Interviewleitfaden Teil A 42

Abbildung 8: Darstellung der Auswertungs- und Analysephase 47

Abbildung 9: Analysemethode zur Beantwortung der zwei Forschungsfragen 50

Abbildung 10: Darstellung der Matrix 1 im gesamten Forschungsmodell 54

Abbildung 11: Darstellung der Matrix 2 im gesamten Forschungsmodell 58

Abbildung 12: Darstellung der Matrix 3 im gesamten Forschungsmodell 60

Abbildung 13: Darstellung der Matrix 4 im gesamten Forschungsmodell 63

Abbildung 14: Darstellung der Matrix 5 im gesamten Forschungsmodell 66

Abbildung 15: Darstellung der Matrix 6 im gesamten Forschungsmodell 70

Abbildung 16: Darstellung der funktionalen Handlungsempfehlung 87

Abbildung 17: Darstellung der prozessualen Handlungsempfehlung 88

Tabellenverzeichnis

Tabelle 1: Zusammenfassung der förderlichen Wirkung von Positive Leadership 19

Tabelle 2: Übersicht statistische Angaben der Interviewpartner 24

Tabelle 3: Darstellung der Fragenkomplexe 1-6 der Analysedimension Vision 29

Tabelle 4: Darstellung der Fragenkomplexe 7-12 der Analysedimension Stärken 30

Tabelle 5: Darstellung der Fragenkomplexe 13-18 der Analysedimension Flow 31

Tabelle 6: Strukturbaum der Analysedimension Vision 32

Tabelle 7: Strukturbaum der Analysedimension Stärken 33

Tabelle 8: Strukturbaum der Analysedimension Flow 34

Tabelle 9: Übersicht der Prüffragen und den daraus resultierenden Maßnahmen 36

Tabelle 10: Anwendung der Prüfkriterien und Darstellung der Maßnahmen 38

Tabelle 11: Repräsentative Darstellung der Anwendung von Prüffragen 39

Tabelle 12: Übersicht der umformulierten Fragen nach Prüfungsprozess 40

Tabelle 13: Darstellung der verschiedenen Fragetypen im Interviewleitfaden 44

Tabelle 14: Ausschnitt aus dem Verdichtungsprotokoll 49

Tabelle 15: Exemplarischer Aufbau einer Profilmatrix 51

Tabelle 16: Ausschnitt aus der Einzelanalyse der Dimension Vision Status Quo 52

Tabelle 17: Zusammenfassung der Ergebnisse der Fragenkomplexe 1-3 57

Tabelle 18: Zusammenfassung der Ergebnisse der Fragenkomplexe 7-9 59

Tabelle 19: Zusammenfassung der Ergebnisse der Fragenkomplexe 13-15 62

Tabelle 20: Zusammenfassung der Ergebnisse der Fragenkomplexe 4-6 65

Tabelle 21: Zusammenfassung der Ergebnisse der Fragenkomplexe 10-12 69

Tabelle 22: Zusammenfassung der Ergebnisse der Fragenkomplexe 16-18 73

Tabelle 23: Zusammenfassung der Erfüllungsquoten der Fragenkomplexe 74

Tabelle 24: Zusammenfassung der Ergebnisse des Horizontes Status Quo 75

Tabelle 25: Zusammenfassung der Ergebnisse des Horizontes Perspektive 77

Tabelle 26: Übersicht der Bewertungskategorien der Forschungsfrage 1 78

Tabelle 27: Übersicht der Bewertungskategorien der Forschungsfrage 2 79

Tabelle 28: Übersicht der Inhaltskategorien der Forschungsfrage 1 81

Tabelle 29: Übersicht der Inhaltskategorien der Forschungsfrage 2 84

Tabelle 30: Gegenüberstellung quantitativer und qualitativer Gütekriterien 90

1 Einleitung

In diesem Abschnitt werden die Problemstellung, die Zielsetzung und der Aufbau der Arbeit beschrieben.

1.1 Problemstellung

1.1.1 Externe Herausforderungen für Unternehmen

Das heutige Geschäftsumfeld ist von schnellen Marktveränderungen, unvorhersehbaren Geschäftsentwicklungen sowie nichtlinearen Kundenentscheidungen geprägt. Diese Situation wird durch die vier Konstrukte Volatilität, Unsicherheit, Komplexität und Ambiguität („VUCA-Welt") beschrieben.[1] Wesentliche Megatrends des agilen Umfeldes, wie beispielsweise die Globalisierung, Digitalisierung und der Wertewandel, beeinflussen sich gegenseitig und wirken sich auf die Unternehmens- sowie Personalmanagement-Ebene aus.[2] Diese Effekte führen dazu, dass neue Anforderungen an die Führungs- und Organisationskultur von Unternehmen gestellt werden.[3]

1.1.2 Interne Herausforderungen für Unternehmen

„Die Unternehmenskultur entscheidet maßgeblich über den wirtschaftlichen Erfolg."[4] Mit dieser Überschrift beginnt die Pressemitteilung der jüngsten Ausgabe des Gallup Engagement Index 2018. Demnach spielt neben einer erfolgreichen Unternehmenskultur die emotionale Bindung der Arbeitnehmer zum Arbeitgeber eine zentrale Rolle für den unternehmerischen Erfolg. Gemäß statistischen Aufzeichnungen haben 14 Prozent der Arbeitnehmer in Deutschland innerlich gekündigt und besitzen somit keine emotionale Bindung zum Unternehmen. 71 Prozent haben einen geringen emotionalen Bindungsgrad zum Arbeitgeber und machen damit „Dienst nach Vorschrift". Lediglich 15 Prozent der Angestellten haben eine

---

[1] Vgl. Rolfe, M.: 2019, S. 1.
[2] Vgl. Armutat, S./Bartholomäus, N./Franken, S.: 2018, S. 5.
[3] Vgl. ebd.
[4] Vgl. (o.V.), (01.05.2019), URL: https://www.gallup.de/183104/engagement-index-deutschland.aspx

hohe emotionale Bindung zu ihrem Arbeitgeber. Damit liegt Deutschland im Vergleich zu den sieben führenden Industrieländern auf Platz drei.[5]

Diese geringe emotionale Mitarbeiterbindung kann auf Schwächen in der Organisationskultur und des Personalmanagements zurückgeführt werden. Ausschlaggebend dafür sind die fehlenden positiven Reaktionen (Lob, Anerkennung, Dankbarkeit) von den Führungskräften sowie die geringe Fokussierung auf das individuelle Mitarbeiterprofil (Stärkenorientierung).[6] Die daraus resultierende marginale Leistungsfähigkeit wirkt sich auf den wirtschaftlichen Erfolg von deutschen Unternehmen aus. So verursacht die innere Kündigung der fünf Millionen Arbeitnehmer (14 Prozent) einen jährlichen, volkswirtschaftlichen Schaden von bis zu 103 Milliarden Euro.[7]

Umgekehrt und gleichzeitig als auffordernden Appell wird der Sachverhalt in den Worten des deutschen Sozialpsychologen und Autors UTHO CREUSEN wie folgt ausdrücken: „Zufriedene Mitarbeiter leisten mehr."[8]

Zudem untermauern empirische Studien, dass eine emotionale Mitarbeiterbindung sowohl auf menschlicher als auch auf organisationaler Ebene zu einer „[...] höhere[n] Produktivität, höhere[n] Qualität, höhere[n] Kundenbindung und geringere[n] Personalfluktuation führt."[9]

1.1.3 Ableitung der Problemstellung

Demnach lässt sich die zentrale Frage stellen, warum es einige Unternehmen schaffen, in dieser „VUCA-Welt" kontinuierliche, überdurchschnittliche Unternehmensergebnisse bis hin zu organisationalen Spitzenleistungen erzielen, wohingegen andere Unternehmen mit negativen Zahlen zu kämpfen haben.[10]

Eine mögliche Antwort gibt das Gallup Institut, indem es feststellt, dass agile Unternehmen auf die Defizite in der Organisationskultur mit einer toleranten

---

[5] Vgl. ebd.
[6] Vgl. Creusen, U./Müller-Seitz, G.: 2010, S. 12.
[7] Vgl. Creusen, U./Eschemann, N.-R./Thomas, J.: 2010, S. 15.
[8] Creusen, U./Eschemann, N.-R.: 2008, S. 15.
[9] Cameron, K. S.: 2003, S. 58.
[10] Vgl. Rolfe, M.: 2019, S. 1.

Fehlerkultur, der Förderung von Wissensaustausch sowie der Geschwindigkeitserhöhung von Entscheidungsfindungen antworten und damit erfolgreicher sind als andere.[11]

Ein Führungskonzept, das sich in der betriebswirtschaftlichen Praxis bewährt hat die Agilität von Unternehmen zu fördern, stammt aus der positiv-psychologischen Forschung. Dieser Führungsansatz wird als Positive Leadership bezeichnet.[12]

1.2 Zielsetzung

Die vorliegende Arbeit untersucht den Positive Leadership-Ansatz. Im literaturbasierten Teil wird das Führungsmodell durch relevante Theorien und wissenschaftliche Forschungsergebnisse beschrieben. Gemäß dem Stand der Wissenschaft, wird eine Definition des Führungsansatzes abgeleitet. Der interviewbasierte Teil umfasst zwei Forschungsfragen. Die erste Forschungsfrage adressiert aktuelle Maßnahmen des Führungsansatzes sowie Herausforderungen der Führungsaufgabe von leitenden Angestellten ermittelt. Dabei werden sowohl konkrete Ansätze aufgezeigt als auch eine qualitative Einschätzung der Maßnahmen vorgenommen. Die zweite Forschungsfrage erfasst das Entwicklungspotenzial und die perspektivischen Maßnahmen zum Ausbau des Führungsansatzes. Auch hier erfolgt die konkrete Darstellung von Maßnahmen sowie eine qualitative Bewertung des Entwicklungspotenzials von Positive Leadership im Unternehmen. Unter Verwendung der Ergebnisse der beiden Forschungsfragen werden anwendungsbezogene Handlungsempfehlungen konzipiert. Diese umfassen sowohl Mitarbeiter- als auch Organisationsentwicklungsmaßnahmen.

1.3 Vorgehensweise und Aufbau der Arbeit

Die vorliegende wissenschaftliche Arbeit gliedert sich in sechs Kapitel. Die Grundstruktur basiert auf einer theoriegeleiteten Vorgehensweise. Das bedeutet, dass bereits die Definition des Untersuchungsgenstandes auf theoretischem Wissen gebildet wird und die Ergebnisse der Analyse in den theoretischen Kontext gebracht werden.

---

[11] Vgl. ebd.; (o.V.), (01.05.2019), URL: https://www.gallup.de/183104/engagement-index-deutschland.aspx
[12] Vgl. Creusen, U. et al.: 2010, S. 23.

In der *Einleitung* (Kapitel 1) wird das Forschungsproblem dargestellt. Ebenso wird die Zielsetzung beschrieben sowie die Vorgehensweise der Arbeit erläutert.

Anschließend werden im Kapitel *Theoretische Grundlagen des Positive Leadership-Ansatzes* (Kapitel 2) wissenschaftliche Grundlagen zum Forschungsgegenstand Positive Leadership aufgezeigt. In diesem Kontext erfolgt eine theoretische Herleitung des Führungsansatzes, die sowohl Betrachtungsweisen von unterschiedlichen Forschern sowie Forschungsmodelle und -theorien umfasst. In Anlehnung an die Beschreibung des Forschungsgegenstandes und der Zusammenfassung der Erkenntnisse, werden anschließend die einzelnen Komponenten (Vision, Stärken und Flow) des Positive Leadership-Ansatzes beschrieben. Abschließend werden die Erkenntnisse zusammengefasst und zwei zentrale Forschungsfragen abgeleitet.

Das Kapitel *Methode* (Kapitel 3) umfasst den Methodenteil der wissenschaftlichen Arbeit. Zu Beginn dieses Kapitels wird das Forschungsdesign beschrieben, relevante Rahmenbedingungen definiert, das entwickelte Forschungsmodell aufgezeigt, ein geeignetes Erhebungsinstrument festgelegt sowie die Auswahl und Kontaktierung der Interviewpartner dargestellt. Der Interviewleitfaden basiert auf der Operationalisierung des Forschungsgegenstandes und wird durch einen Pre-Test optimiert. Nach der Beschreibung der Datenerhebung werden die Auswertungs- und Analysemethoden dargestellt.

Auf dieser Basis werden die Ergebnisse aus den Interviews im Kapitel *Darstellung der Ergebnisse* (Kapitel 4) erläutert. Die erhobenen Daten werden transkribiert und anhand eines definierten Forschungsmodells durch eine qualitative Textanalyse kategorisch ausgewertet. Darauf folgend werden die Ergebnisse der Forschungsarbeit an den wissenschaftlichen Kriterien des Positive Leadership-Ansatzes reflektiert und interpretiert, um abschließend die Forschungsfragen zu beantworten.

Der Bereich *Diskussion und Interpretation* (Kapitel 5) umfasst sowohl die Methodenkritik als auch die Reflexion des Vorgehens anhand wissenschaftlicher Kriterien. Anschließend erfolgt eine Interpretation der Ergebnisse mit einer daraus abgeleiteten Handlungsempfehlung auf Basis der empirischen Ergebnisse der Interviews sowie Empfehlungen aus der wissenschaftlichen Literatur im Bereich Positive Leadership.

Im abschließenden Kapitel *Fazit und Ausblick* (Kapitel 6) werden die Ergebnisse zusammengefasst und ein wissenschaftlicher sowie praxisbezogener Ausblick gegeben.

2 Theoretische Grundlagen des Positive Leadership-Ansatzes

Im weiteren Verlauf wird auf Basis des definierten Forschungsproblems der Forschungsgegenstand beschrieben sowie die Forschungsfragen abgeleitet.

2.1 Positive Leadership

Anknüpfend wird das Konstrukt Positive Leadership hergeleitet und beschrieben.

2.1.1 Ursprünge der Positiven Psychologie

Bereits in den philosophischen Schriften befasste sich ARISTOTELES mit den Konstrukten Glück und Sinn. Seiner Auffassung nach führen die Entwicklung und der Einsatz der individuellen Charakterstärken zu Wohlbefinden. Damit beschreibt er bereits vor 2300 Jahren zwei zentrale Elemente, die bis heute in der Positiven Psychologie Bestand haben.[13]

Wiederum nach dem Zweiten Weltkrieg konzentriert sich die traditionelle Psychologie vorwiegend auf die defizitorientierte Forschung, wie beispielsweise die Analyse von psychischen Störungen und Problemen. Durch die traumatischen Erlebnisse während des Zweiten Weltkrieges, stellten Mediziner das Erkennen und Heilen seelischer Störungen wie posttraumatische Belastungsstörungen in den Vordergrund.[14]

Ende des zwanzigsten Jahrhunderts legte Professor MARTY SELIGMAN den Grundstein für die wissenschaftliche und gedankliche Wende der psychologischen Wissenschaft. Er reformierte die Forschungs- und Behandlungsmethodik der Positiven Psychologie, indem er die Zufriedenheit, das Wohlbefinden und die Erfüllung der Menschen in den Fokus rückte.[15] Im Zuge dessen befasste er sich mit der systematischen Erkennung und Förderung positiver Effekte und hebt dabei die drei folgenden Forschungsfelder hervor:

- Positive subjektive Erfahrungen (z.B. Erfüllung)
- Positive individuelle Charaktereigenschaften (z.B. Talente)
- Positive Institutionen (z.B. Unternehmen)[16]

---

[13] Vgl. Huhn, G./Backerra, H.: 2008, S. 35.
[14] Vgl. Creusen, U./Eschemann, N.-R.: 2008, S. 19.
[15] Vgl. Wilz, G./Risch, A. K./Töpfer, N. F.: 2017, S. 6f.
[16] Vgl. Wilz, G./Risch, A. K./Töpfer, N. F.: 2017, S. 6f.

Auf diese Weise stellt er eine Verbindung zwischen dem Wohlbefinden eines Individuums und der Förderung positiver Wirkungen in Organisationen her.

Einen der ersten Ansätze der Positiven Psychologie prägt der Soziologieprofessor AARON ANTONOVSKY mit dem Antonovsky-Modell der Salutogonese. Demnach wird „[...] Gesundheit nicht nur durch die Abwesenheit von Krankheit, sondern als Zustand des Wohlbefindens definiert [...]."[17]

Die Psychologieprofessoren MARTY SELIGMAN und MIHÁLY CSIKSZENTMIHÁLYI treiben diesen Richtungswechsel weg von der Fokussierung psychischer Krankheiten hin zu der Positiven Psychologie weiter voran.[18] So konzentriert sich MARTY SELIGMAN in seinem Forschungsfeld auf positive Emotionen, positive Eigenschaften sowie eine positive Gemeinschaft. In seiner Antrittsrede als Präsident der American Psychological Association im Jahr 1998 beschreibt er, dass die Elemente der Positiven Psychologie wie „[...] Stärken, Gesundheit, Entwicklung, Blühen, Zufriedenheit, Optimismus, Hoffnung und weitere positive Zustände [...] [in den Vordergrund der psychologischen Forschung zu stellen sind]."[19]

Auch ABRAHAM MASLOW (Begründer der humanistischen Psychologie) sowie CARL ROGERS (Mitbegründer der humanistischen Psychologie) tragen durch die Annahme, dass Menschen positiv und entwicklungsfähig sind, einen entscheidenden Beitrag zu der Entwicklung der Positiven Psychologie bei.[20]

Eine weitere bedeutende Forscherin im Bereich der Positiven Psychologie ist BARBARA FREDRICKSONS. Die von ihr geprägte „Broaden-and-Build-Theory" (zu Deutsch: „Erweiterungs- und Aufbau-Theorie") beschreibt die Wirkung der Positiven Psychologie als „[...] positive [...] Emotionen wie Freude, Interesse, Stolz, Dankbarkeit und Zufriedenheit."[21] Bildlich dargestellt lässt sich das Modell als Aufwärtsspirale beschreiben, bei der positive Emotionen das eigene Denken erweitern und diese sich auf das unmittelbare Umfeld übertragen.[22]

---

[17] Wilz, G./Risch, A. K./Töpfer, N. F.: 2017, S. 6.
[18] Vgl. Creusen, U./Eschemann, N.-R.: 2008, S. 19.
[19] Seligman, M. E. P.: 2002, S. 62.
[20] Vgl. Blickhan, D.: 2015, S. 18.
[21] Creusen, U. et al.: 2010, S. 18.
[22] Vgl. Cohn, M. A./Fredrickson, B. L.: 2009, S. 16.

Zusammenfassend lässt sich feststellen, dass die beschriebenen Elemente der Positive Psychologie zu einer förderlichen Entwicklung von Individuen, Teams sowie Organisationen beitragen.

2.1.1.1 Abgrenzung und Beschreibung von Positive Leadership

Der Positive Leadership-Ansatz basiert auf dem psychologischen Kapital und der Positiven Psychologie. Das Psychologische Kapital lässt sich als die „[...] Wissenschaft und Anwendung positiv orientierter menschlicher Stärken [sowie] psychologischer Kapazitäten [zusammenfassen], die gemessen, entwickelt und effektiv zur Leistungssteigerung am Arbeitsplatz eingesetzt werden können."[23] Folglich ist es ein Indikator für persönliche Leistungsfähigkeit und Mitarbeiterzufriedenzeit. Positive Leadership umfasst die vier Ressourcen Hoffnung, Selbstwirksamkeit, Optimismus sowie Resilienz. Personen mit einem hohen psychologischen Kapital arbeiten in einem positiven psychologischen Zustand an der Erreichung von Zielen (Hoffnung), fühlen sich herausfordernden Aufgaben gewachsen (Selbstwirksamkeit), können selbst bei Problemen eine positive Erwartungshaltung einnehmen (Optimismus) und erzielen trotz negativer Einflussfaktoren förderliche Ergebnisse (Resilienz).[24]

Zur begrifflichen Abgrenzung des Konstrukts Positive Leadership erfolgt an dieser Stelle eine Beschreibung zu der Organisationslehre Positive Organizational Scholarship. Diese Organisationslehre basiert auf den Erkenntnissen der Positiven Psychologie und insbesondere auf der „Broaden-and-Build-Theory". Positive Organizational Scholarship (POS) rückt die Positive Psychologie zur Erhaltung der organisationalen Leistung in den Vordergrund und beschreibt die leistungssteigernden Ergebnisse des Führungsansatzes Positive Leadership in Organisationen.[25]

Die amerikanischen Psychologen MARTY SELIGMAN und MIHÁLY CSÍKSZENTMIHÁLYI führen die Erkenntnisse der vorangegangenen Ausführungen fort, indem sie das Konstrukt Positive Leadership in Hinblick auf drei Ebenen (individuell, interpersonell und organisatorisch) beschreiben. Als essentielle Bestandteile des Positive Leadership-Ansatzes nennen sie auf individueller Ebene: „[...] the capacity for love and vocation, courage, interpersonal skill, aesthetic, sensibility, perseverance,

---

[23] Tomoff, M.: 2018, S. 6.
[24] Vgl. Tomoff, M.: 2018, S. 7.
[25] Vgl. Creusen, U./Müller-Seitz, G.: 2010, S. 12.

forgiveness, originality, future mindedness, spirituality, high talent, and wisdom [...]."[26] Auf interpersoneller sowie organisationaler Ebene fassen die beiden Forscher das Führungsmodell durch die Erfolgsfaktoren „[...] responsibility, nurturance, altruism, civility, moderation, tolerance, and work ethic [...]"[27] zusammen.

2.1.1.2 Förderliche Wirkung von Positive Leadership

Die vorangegangenen, theoretischen Erkenntnisse der Forscher werden in der aktuell jüngsten Metaanalyse untermauert. In dieser empirischen Studie wird nachgewiesen, dass Positive Leadership zu einer Verbesserung des Wohlbefindens und Verringerung von Depressionen führt.[28]

Das Ziel des Positive Leadership-Ansatzes ist es die „[...] individuelle und organisatorische Entwicklung zu fördern und das Gute in Menschen, Unternehmen und der Gesellschaft zu unterstützen."[29] Darüber hinaus wird nachgewiesen, dass der Ansatz einen wesentlichen Beitrag im Bereich der Präventionsarbeit leistet, um Burnout sowie Depressionen, durch eine stärkenorientierte Unternehmenskultur und eine sinngebende Tätigkeit, vorzubeugen.[30]

Zu Beginn der 2000er befassen sich nicht nur Psychologen, sondern auch Organisationsforscher mit der Fragestellung, wie Organisationen vor allem in Krisenzeiten erfolgreich sein können. Der US-amerikanische Managementforscher KIM CAMERON fokussiert sich im Rahmen von Positive Leadership auf die Stärken von Managern und belegt, dass die positive Führung zu einer Leistungssteigerung beiträgt.[31]

Die bisher bekannte förderliche Wirkung von Positive Leadership erfährt durch die gemeinsame Forschungsarbeit des Bundesministeriums für Arbeit und Soziales (BMAS) und der Initiative Neue Qualität der Arbeit (INQA) im Jahr 2005 erneut einen Aufschwung. Im Rahmen des Projektes „Forum, gute Führung" wird die Entwicklung von zukunftsfähigen Führungskonzepten kontinuierlich vorangetrieben

---

[26] Seligman, M. E. P./Csikszentmihalyi, M.: 2000, S. 5.
[27] Ebd., S. 5.
[28] Vgl. Sin, N. L./Lyubomirsky, S.: 2009, S. 479.
[29] Rolfe, M.: 2019, S. 18.
[30] Vgl. Rolfe, M.: 2019, S. 18.
[31] Vgl. Cameron, K.: 2008, S. 14f.

und ein Beitrag geleistet, die Bewusstheit für Positive Leadership bundesweit zu stärken.[32]

2.1.1.3 Kritik des Positive Leadership-Ansatzes

Trotz jüngster Nachweise von Neurowissenschaftlern, dass durch positive Gedanken strukturelle Veränderungen im Gehirn nachgewiesen und Krankheiten positiv beeinflusst werden können, wird die Positive Psychologie noch immer kontrovers diskutiert.[33]

Kritiker der Positiven Psychologie regen in der wissenschaftlichen Literatur den Diskussionspunkt an, dass Menschen nicht nur durch positive, sondern auch durch negative Emotionen wie Ärger oder Frust zu einer Handlung motiviert werden können. Demnach zeigt sich, dass ein Grundmotiv zur Veränderung eines Menschen oder einer Situation entweder auf negative Emotionen wie Schmerz oder positive Emotionen wie Begeisterung zurück zu führen ist.[34] Neurologisch betrachtet ist jedoch die sogenannte „Hin-zu-Etwas-Motivation" (Appetit), bei der Dopamin ausgeschüttet wird und Glückshormone produziert werden, für den menschlichen Organismus langfristig gesünder als die „Weg-von-Etwas-Motivation". Hierbei werden vorwiegend Adrenalin sowie Noradrenalin ausgeschüttet und in Folge dessen Stress erzeugt.[35]

Als Grundkonzept für die weitere Forschungsarbeit wird die psychologische Betrachtungsweise von MARTY SELIGMAN herangezogen, der Positive Leadership auf den drei Dimensionen Vision, Stärken und Flow begründet.[36] Zur Veranschaulichung werden die einzelnen Komponenten des Positive Leadership-Ansatzes in Abbildung 1 grafisch dargestellt.

---

[32] Vgl. von Au C.: 2016, S. 5.
[33] Vgl. Esch, T.: 2013, S. 99.
[34] Vgl. Wong, P.: 2011, S. 72.
[35] Vgl. Esch, T.: 2013, S. 60.; vgl. Sinek, S.: 2017, S. 218.
[36] Vgl. Creusen, U./Eschemann, N.-R.: 2008, S. 19.

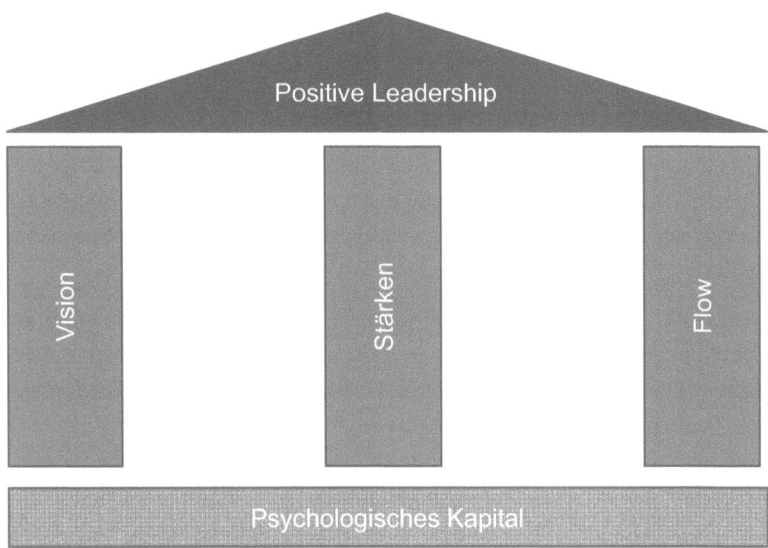

Abbildung 1: Konstrukt des Positive Leadership-Ansatzes[37]

Im weiteren Absatz werden die drei Dimensionen des Positive Leadership-Ansatzes (Vision, Stärken und Flow) näher erläutert.

2.2 Sinn und Vision

Folgend werden die Begriffe Sinn und Vision näher erläutert. Sinn kann auf individueller Ebene als eine „[...] Bedeutung oder Bewertung verstanden werden, die einer Tätigkeit, einem Geschehen oder einem Ereignis zugeschrieben wird."[38] Sinnerfahrungen haben eine kognitive (Annahmen und Überzeugungen) und affektive (Gefühle und Emotionen) Komponente.[39] Demnach lassen sich auf psychischer und physischer Ebene positive Effekte wie die Zunahme von Motivation und Einsatzbereitschaft sowie eine Abnahme von Belastung und Müdigkeit feststellen.[40]

Menschliche Handlungen lassen sich nicht nur vor dem Hintergrund des Sinnstrebens, sondern ebenfalls im Hinblick auf die Motivationstheorie beschreiben. Diese Grundlagendisziplin wird wesentlich durch die drei Forscher DAVID MCCLLELAND,

---

[37] Eigene Darstellung in Anlehnung an Creusen, U./Eschemann, N.-R.: 2008, S. 20.
[38] Creusen, U./Müller-Seitz, G.: 2010, S. 91.
[39] Vgl. Pattakos, A.: 2015, S. 29.
[40] Vgl. Creusen, U./Müller-Seitz, G.: 2010, S. 91.; vgl. zur Bonsen, M.: 1994, S. 81.

HENRY MURRAY und JOHN ATKINSON geprägt.⁴¹ Sie umfasst die Untersuchung des zielgerichteten Verhaltens von Menschen und erforscht dabei die Ausrichtung, Ausdauer sowie Intensivität bei einer Zielerreichung von Individuen. In diesem Forschungsfeld zählen das Meistern von Herausforderungen (Leistungsmotivation), das Beeindrucken oder Beeinflussen anderer Menschen (Machtmotivation) sowie das Knüpfen oder Pflegen von sozialen Kontakte (Anschlussmotivation) zu den meist genannten Anreizen zur Verfolgung eines Zieles.⁴²

Konträr zur traditionellen humanistischen Psychologie, die durch Forscher wie ABRAHAM MASLOW (Theorie: bedürfnisgeprägte Motivationstheorie) oder ERICH FROMM (Forschungsschwerpunkt: psychische Voraussetzungen für ein gelingendes gesellschaftliches Zusammenleben) geprägt werden, entwickelt der österreichische Neurologe und Psychiater VIKTOR E. FRANKL in den 50er und 60er Jahren ein alternatives psychotherapeutisches Konzept. Dieses Konzept basiert auf der Annahme, dass es im Menschen eine ureigene Antriebskraft (primäre Motivationskraft) gibt, die Menschen unabhängig von psychologischen Bedürfnissen zu einer Handlung bewegen.⁴³

Ebenfalls konträr zu der Psychoanalyse von SIGMUND FREUD, die eine psychotherapeutische Methode zur Heilung psychischer Krankheiten durch Bewusstmachung verdrängter Konflikte beschreibt, definiert VIKTOR E. FRANKL die eigentliche Bestimmung des Menschen in der Verwirklichung von Werten sowie der Erfüllung eines Sinnes. Mit dieser Definition stellt er gemäß der Individualpsychologie von ALFRED ADLER das Individuum in den Mittelpunkt. Diese sogenannte Logotherapie und Existenzanalyse von VIKTOR E. FRANKL wird in der Literatur auch als „Dritte Wiener Schule der Psychotherapie" bezeichnet.⁴⁴

2.2.1 Wirkung und Bedeutung

Der Direktor des „Center for Organizational Learning des Massachusetts Institute of Technology", PETER M. SENGE, beschreibt eine zukunftsfähige Organisation als eine auf innere sowie äußere Reize anpassungsfähige Organisation, in der die Visionen eine zentrale Rolle spielen. Nach PETER M. SENGE ist eine gemeinsame Vision „[...]

---

⁴¹ Vgl. Stahl, H. K.: 2013, S. 10.
⁴² Vgl. Brandstätter, V./Schüler, J./Puca, M.R./Lozo, L.: 2013, S. 5.
⁴³ Vgl. Huhn, G./Backerra, H.: 2008, S. 23.
⁴⁴ Vgl. ebd.

nur dann eine Vision, wenn sich viele Menschen ihr wahrhaft verschrieben haben, weil sie ihre eigene, ganz persönliche Zielstellung widerspiegelt."[45]

Daraus lässt sich ableiten, dass jeder Mitarbeiter seine eigene Vision sowie die Vision des Unternehmens kennen und verinnerlicht haben sollte. Erst wenn eine gemeinsame Schnittmenge zwischen der eigenen Vision und der Unternehmensvision besteht, kann eine intrinsische Motivation zum unternehmerischen Erfolg beitragen.[46]

Darüber hinaus bestätigen die Forscher JAMES C. COLLINS (Gründer des Zentrums für Managementforschung in Colorado) und PROF. DR. JERRY I. PORRAS (Professor für Unternehmensorganisation und Verhaltenspsychologie an der kalifornischen Stanford Universität) mittels der Durchführung von Studien, dass Unternehmen mit Visionen erfolgreicher als Unternehmen ohne Vision sind.[47] Gemäß den empirischen Forschungen ist anzunehmen, dass eine Unternehmensvision zu einer Sinnerfahrung der Mitarbeiter führt. Denn: „Menschen [...] möchten sich individuell einbringen, aber gleichzeitig auch Teil einer größeren Gemeinschaft sein, die Sinn und Signifikanz aufs eigene Leben ausstrahlt."[48] Im Umkehrschluss entsteht Sinnlosigkeit in Unternehmen, wenn Mitarbeiter äußere oder innere Vorgänge nicht verstehen oder durch die Vorgabe unerreichbarer Ziele. So kann es zu Hilflosigkeit, Angst, Erschöpfung, Stress, Aggressivität, Ohnmacht oder Leistungsabfall kommen.[49]

Folglich ist eine weitere Voraussetzung für die Wirkung einer Unternehmensvision definiert. So stellen die Grundwerte (Werte, die das Unternehmen beschreiben) und der Unternehmenszweck (Existenzbestimmung des Unternehmens) zwei zentrale Elemente einer wirksamen Unternehmensvision dar.[50]

Trotz aller verschiedenen Betrachtungsweisen kommen die Forscher VICTOR E. FRANKL, JAMES C. COLLINS und JERRY I. PORRAS zu der Kernaussage, dass Sinn durch gemeinsame Werte entsteht und zur inneren Motivation eines Menschen beiträgt.[51]

---

[45] Gleißner, W.: 2004, S. 44.
[46] Vgl. Creusen, U./Eschemann, N.-R.: 2008, S. 20.
[47] Vgl. ebd., S. 104.
[48] Carlson, B./McKee, R. K./Robinson, C.: 2006, S. 3.
[49] Vgl. Sinek, S.: 2009, S. 30.
[50] Vgl. Creusen, U. et al.: 2010, S. 105.
[51] Vgl. Collins, J. C./ Collins, J.: 2011, S. 200.

Die aktuellen Belege sowie die theoretischen Grundlagen zeigen, dass eine Unternehmensvision, die Sinn vermittelt, positive Wirkungen entfaltet. Folglich kann konstatiert werden, dass diese Dimension für gültig und damit praxisrelevant erklärt werden kann.

2.3 Talente und Stärken

Neben den Bereichen Sinn und Vision sind menschliche Talente und Stärken ein weiterer Bestandteil des Positive Leadership-Ansatzes. Aus psychologischer Betrachtungsweise lassen sich Talente als „[...] wiederkehrende Denk-, Gefühls- oder Verhaltensmuster [bezeichnen], die produktiv zur Leistungssteigerung von Individuen eingesetzt werden können."[52] Physiologisch sind Talente in menschlichen Gehirnsynapsen verankert und verstärken sich im Laufe des Lebens oder verfallen zwischen dem dritten und 15. Lebensjahr – abhängig von der Häufigkeit der Nutzung.[53] Folglich wird aus der psychologischen und physiologischen Perspektive ersichtlich, dass der gezielte Einsatz von Talenten zu einer kontinuierliche Erhöhung der Leistung führt.

Eine Stärke hingegen resultiert daraus, dass Menschen ihre „[...] größten Talente durch Praxis verfeinern und mit erlernten fachbezogenen Qualifikationen und Kenntnissen kombinieren."[54] Folglich lassen sich Stärken als ausgebaute Talente beschreiben.

Das Gallup Institut (Markt- und Meinungsforschungsinstitut in Washington) versteht sich in diesem Wissenschaftsbereich als Verbindungselement zwischen der theoriebasierten Forschung innerhalb der Positiven Psychologie sowie den empirisch, belegbaren Praxiseinsätzen. In Zusammenarbeit mit diesem Institut befasste sich der Forschungspionier DONALD O. CLIFTON vier Jahrzehnte lang mit den Stärken erfolgreicher Führungskräfte. Er kommt dabei zu der Erkenntnis, dass eine Organisation erfolgreicher ist, wenn sie sich auf den Ausbau der Stärken von Mitarbeitern anstatt auf die Kompensation von Schwächen konzentriert.[55]

---

[52] Creusen, U./Eschemann, N.-R.: 2008, S. 33.
[53] Vgl. ebd., S. 34.
[54] Rath, T./Conchie, B.: 2016, S. 210.
[55] Vgl. Buckingham, M.: 2006, S. 257; vgl. Buckingham, M./Clifton, D. O.: 2014, S. 17.

Diesen Leitgedanken unterstreicht der Vizepräsident der Gallup Organisation, MARCUS BUCKINGHAM, wie folgt: „[…] Don´t waste time trying to put in what was left out. Try to draw out what was left in. That is hard enough."[56] Mit diesen Worten untermauert MARCUS BUCKINGHAM, dass es nicht genügt, die Talente von Mitarbeitern zu kennen, sondern eine gezielte Förderung und systematischer Ausbau notwendig ist, um Talenten als Stärken einzusetzen.

CHRISTOPHER PETERSON gehört neben MARTY SELIGMAN zu den Begründern der Positiven Psychologie. Gemeinsam verfassen sie die aktuell bedeutendste Studie zur Klassifizierung von Charakterstärken im Rahmen der Forschung von Positive Leadership. CHRISTOPHER PETERSON schlussfolgert aus der Studie, dass der Kern der Positiven Psychologie auf den folgenden Satz zusammengefasst werden kann: „Other people matter"[57] Damit bringt er zum Ausdruck, dass der Aufbau einer stärkenorientierten Unternehmenskultur auf der Entwicklung individueller Fähigkeiten basiert.

2.3.1 Wirkung und Bedeutung

Die positiven Effekte eines stärkenfokussierten Unternehmens zeigen sich auf der individuellen, interpersonellen sowie organisationalen Ebene.

Auf individueller Ebene treten positive Verhaltensänderungen (z.B. Glück) auf, wenn Mitarbeiter ihre Stärken bei einer Tätigkeit einsetzen können. Dies führt nachweislich zur Erhöhung der Arbeitsproduktivität sowie zur Zunahme des Arbeitsengagements.[58]

Laut DONALD O. CLIFTON kann ein stärkenorientierter Ansatz auf interpersoneller Ebene nur positive Wirkung erzielen, wenn die einzelnen Stärken der Mitarbeiter in Einklang mit denen des gesamten Teams gebracht werden.[59] Da die Mitarbeiter ihre persönlichen Stärken einbringen können, sind sie glücklich. Dieses Gefühl drückt sich in einer wertschätzenden Umgangsweise mit Kollegen und Kunden aus. Folglich kann es auf organisationaler Ebene zu einer höheren Kundenzufriedenheit kommen.[60]

---

[56] Buckingham, M./Coffman, C.: 1999, S. 35.
[57] Ernsting, A./Schwarzer, R./Lippke, S./Schneider, M.: 2013, S. 1.
[58] Vgl. Creusen, U/Müller-Seitz., G.: 2010, S. 34f.
[59] Vgl. Creusen, U./Müller-Seitz., G.: 2010, S. 83.
[60] Vgl. ebd., S. 79; vgl. Flato, E./Reinbold-Scheible, S.: 2009, S. 196.

Bei der Betrachtung der Bereiche Talente und Stärken, schlussfolgern die Forscher DONALD O. CLIFTON, MARCUS BUCKINGHAM, MARTY SELIGMANN und CHRISTOPHER PETERSON, dass Mitarbeiter, die ihre Stärken bei einer Tätigkeit einsetzen können, bessere Leistung erzielen.[61] Daraus lässt sich ableiten, dass auch die zweite Dimension des Konstruktes Positive Leadership als theoretisch fundiert und somit aussagekräftig gilt.

2.4 Flow und Engagement

Im Folgenden wird der Flow-Zustand näher erläutert.

Bereits in der antiken Philosophie kommen ARISTOTELES, PLATON und KANT zu der gemeinsamen Erkenntnis, dass Menschen intrinsisch nach Glück streben.[62] Bei diesem definierten Glücksphänomen geht es um einen positiven Zustand, der bewusst herbeigeführt werden kann und nicht um eine Form des „Glück-habens" wie beispielsweise dem Effekt eines Lottogewinns.[63]

Der Glücksforscher MIHÁLY CSÍKSZENTMIHÁLYI belegt durch das Modell der Flow-Theorie, dass Menschen, die in einem Moment der vollen Konzentration, des Könnens und der Begeisterung bei einer Tätigkeit sind, Glück empfinden und dadurch mehr leisten.[64] Dieser optimale Erlebenszustand geht mit der Abwesenheit von Ängsten, der Erhöhung der Lebenszufriedenheit, der Begünstigung von Kreativität und Entwicklung von Innovationen sowie einem „[...] Höchstmaß an Leistung bei einem gleichzeitigen Maximum von Spaß, Freude und Identifikation mit der Tätigkeit [...] [einher]."[65]

In der wissenschaftlichen Literatur wird dieser Flow (zu Deutsch: „im Fluss sein") als „optimal motivational state", „optimal experience" oder als „peak performance state" bezeichnet. Folglich wird dieser Zustand als ein „Versinken im Moment" charakterisiert, bei dem positive Emotionen in einem dynamischen Gleichgewicht aus Gedanken, Gefühlen und Handlung erfahren werden.[66] In diesem optimalen Motivationszustand wird eine Handlung mit vollständiger Aufmerksamkeit getätigt und

---

[61] Vgl. Creusen, U. et al.: 2010, S. 24.
[62] Vgl. Huhn, G./Backerra, H.: 2008, S. 35.
[63] Vgl. ebd., S. 35f.
[64] Vgl. Csikszentmihalyi, M.: 2007, S. 295.
[65] Creusen, U. et al.: 2010, S. 47; vgl. Brandstätter, V. et al.: 2013, S. 99.
[66] Vgl. Creusen, U. et al.: 2010, S. 24.

führt zu einer Erhöhung der Erlebnisqualität. Demnach lassen sich „[...] Situationen mit den eigenen Tätigkeitsvorlieben in Einklang [...] bringen, [sodass] effizientes Handeln auch ohne ständige Willensanstrengung möglich wird."[67] Gemäß den „Prinzipien des Verstärkungslernens" wird die Handlungsausführung dieser Tätigkeit verstärkt und mit einer hohen Wahrscheinlichkeit erneut ausgeführt.[68] Daraus lässt sich schlussfolgern, dass durch diese intrinsische Motivation das Erreichen von Spitzenleistungen möglich wird.[69]

Das Auftreten des Flow-Zustandes kann durch einen reliabel, validen und ökonomisch einzusetzenden Fragebogen beobachtet werden. Mit der sogenannten „Flow-Kurz-Skala" weisen die Forscher JACKSON und ECKLUND den Flow-Zustand von Menschen in einer empirischen Forschung nach.[70] Das Flow-Erlebnis lässt sich dabei durch die folgenden vier Merkmale identifizieren: „Tiefes Involviert sein in einer Handlung, Verschmelzung von Handlung und Bewusstsein, Gefühl von Kontrolle [sowie] verzerrte Zeitwahrnehmung."[71]

2.4.1 Wirkung und Bedeutung

Der Flow ist ein individueller Zustand. Auf organisationaler Ebene wird der Flow-Zustand als Engagement bezeichnet.[72] Laut empirischen Untersuchungen des Gallup Institutes müssen gewisse Voraussetzungen zur Erreichung des Flow-Zustandes erfüllt sein. Demzufolge ist eine Grundvoraussetzung auf individueller Ebene ist, dass Menschen ihre eigenen Talente sowie Stärken kennen und diese im beruflichen Umfeld einsetzen können.[73] Somit gilt es für Führungskräfte die Teamarbeit zu fördern sowie die Meinung und die Tätigkeit jedes Einzelnen in den Vordergrund zu stellen.[74]

---

[67] Rheinberg, F.: 2002, S. 202.
[68] Vgl. Brandstätter, V. et al.: 2013, S. 99.
[69] Vgl. Brandstätter, V. et al.: 2013, S. 98.; vgl. Rheinberg, F.: 2008, S. 149.
[70] Vgl. Rheinberg, F./Vollmeyer, R./Engeser, S.: 2003. S. 269.
[71] Brandstätter, V. et al.: 2013, S. 97.
[72] Vgl. Creusen, U. et al.: 2010, S. 50.
[73] Vgl. ebd., S. 24.
[74] Vgl. Kerzka, M.: 2017, S. 146.; vgl. Buckingham, M.: 2015, S. 100.; vgl. Brandstätter, V. et al.: 2013, S. 98.

Die zweite Voraussetzung bezieht sich auf die interpersonelle und organisationale Ebene. Diese ist erfüllt, wenn die individuellen Fähigkeiten von Mitarbeitern ausgebaut und geeignete Rahmenbedingungen zur Erzeugung des Flow-Zustandes geschaffen werden.[75] Als geeignete Rahmenbedingungen gelten die Unterstützung der Mitarbeiter sowie Lob und Anerkennung von der Führungskraft. Zur Veranschaulichung wird der beschriebene Flow Zustand in Abbildung 2 grafisch dargestellt.

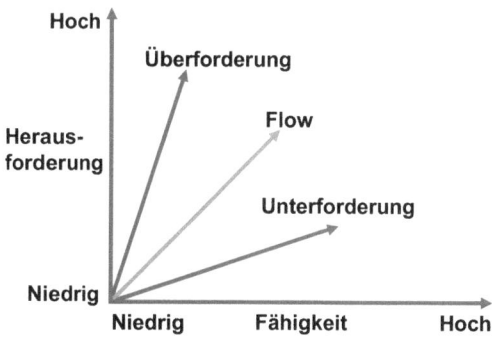

Abbildung 2: Darstellung des Flow-Zustandes[76]

Aus der vorangegangen Grafik geht hervor, dass das Flow-Erlebnis genau zwischen dem Zustand der Langeweile (Unterforderung) und den Zuständen der Enttäuschung, Stress, Angst (Überforderung) liegt.[77] Darüber hinaus ist laut MIHÁLY CSÍKSZENTMIHÁLYI das Erleben von Flow von den sieben Faktoren Alter, gesellschaftliche Zustände, individuelle Fähigkeiten, kulturelle Belohnungen, Geschlecht, Sozialisation und psychologischen Merkmalen abhängig.[78] Somit geht aus den beiden vorangegangenen Erläuterungen hervor, dass der Flow-Zustand von verschiedenen Parametern abhängt und individuell unterschiedlich empfunden wird.

Damit Mitarbeiter sowie Teams von der förderlichen Wirkung des Flow-Erlebnisses in wiederkehrenden Abständen profitieren können, gilt es neue Herausforderungen zu schaffen und die persönlichen Fähigkeiten auszubauen.[79] Folglich ist es

---

[75] Vgl. Creusen, U. et al.: 2010, S. 50.
[76] Eigene Darstellung in Anlehnung an Nakamura, J./Csikszentmihaly, M.: 2009, S. 201.
[77] Vgl. Creusen, U. et al.: 2010, S. 52.
[78] Vgl. Csikszentmihalyi, M.: 1998, S. 253.
[79] Vgl. Creusen, U. et al.: 2010, S. 50.

die Aufgabe der Führungskräfte die Arbeitsmenge und den Aufgabenbereich regelmäßig auf die individuellen Bedürfnisse des Mitarbeiters abzustimmen.

Die wissenschaftliche Darstellung zeigt, dass der Flow-Zustand zu Glücksempfindungen während einer Tätigkeit führt. Da der Positive Leadership-Ansatz das Ziel von glücklichen Mitarbeitern umfasst, wird diese Dimension aussagekräftig in Zusammenhang mit Positive Leadership gestellt.

2.5 Zusammenfassung und Ableitung der Forschungsfragen

Nachfolgend werden die theoretischen Grundlagen zusammengefasst und die zwei Forschungsfragen abgeleitet.

2.5.1 Zusammenfassung der theoretischen Grundlagen

Unternehmen, die die Stärken ihrer Mitarbeiter fördern sowie Mitarbeitern einen Sinn ihrer Tätigkeit vermitteln, können die Leistungsvoraussetzungen des Unternehmens steigern. Damit können die drei Bereiche Vision, Stärken und Flow anhand von wissenschaftlichen Belegen untermauert werden.

Infolgedessen lässt sich der Positive Leadership-Ansatz als Grundlage für die empirische Untersuchung heranziehen. Die Themenfelder Vision, Stärken und Flow sind nicht losgelöst voneinander zu betrachten, sondern als sich gegenseitig beeinflussend und begünstigende Elemente zu verstehe. Abgeleitet bedeutet das, dass durch eine Unternehmensvision und der gleichzeitigen individuellen Identifikation mit diesem Leitbild (Stärkenorientierung), ein Flow-Zustand erzeugt werden kann.[80] Die beschriebenen, förderlichen Wirkungen der einzelnen Komponenten von Positive Leadership werden in der nachfolgenden Tabelle (Tabelle 1) dargestellt.

---

[80] Vgl. Creusen, U. et al.: 2010, S. 104.

Konstrukt	Positive Leadership		
Dimension	Stärken	Vision	Flow
Individuell	Erhöhung der Arbeitsproduktivität	Steigerung der Motivation und der Einsatzbereitschaft	Erhöhung von Glück und Erfüllung
Interpersonell	Harmonische Zusammenarbeit	Erhöhung der Arbeitsleistung	Erhöhung der Effizienz
Organisational	Steigerung der Kundenzufriedenheit	Orientierung im Unternehmen	Steigerung der Kundenzufriedenheit

Tabelle 1: Zusammenfassung der förderlichen Wirkung von Positive Leadership[81]

2.5.2 Ableitung der Forschungsfragen

Im vorangegangen Abschnitt wurde literaturbasiert gezeigt, dass der Führungsansatz Positive Leadership die Voraussetzungen zur Leistungssteigerung von Unternehmen begünstigt. Auf Basis dieser theoretischen Fundierung soll empirisch ermittelt werden, welche konkreten Maßnahmen des Führungsansatzes im Unternehmen umgesetzt werden und welche aktuellen Herausforderungen durch das agile Geschäftsumfeld in der Führungsaufgabe existieren.

Demzufolge lässt wird die erste Forschungsfrage wie folgt definieren:

- Forschungsfrage 1: Inwieweit sind die Strukturen des Positive Leadership-Ansatzes im Unternehmen verankert? (Status Quo)

Weiterhin wird das Entwicklungspotenzial von dem Positive Leadership-Ansatz und entsprechende Maßnahmen erfasst. Dementsprechend wird die zweite Forschungsfrage wie folgt definieren:

- Forschungsfrage 2: Ist eine Veränderung zugunsten des Positive Leadership-Ansatzes im Unternehmen ersichtlich? (Perspektive)

Jede Forschungsfrage wird in Hinblick auf die drei verschiedenen Dimensionen (Vision, Stärken und Flow) sowie den drei beschriebenen Forschungsebenen (individuell, interpersonell und organisational) untersucht.

---

[81] Eigene Darstellung

3 Methode

Nachfolgend wird das methodische Vorgehen zur Erhebung der Daten dargestellt.

3.1 Darstellung des Forschungsdesigns

Nach der Festlegung des Forschungsproblems (siehe Kapitel 1), der Aufarbeitung des Forschungsgegenstandes sowie der Ableitung der Forschungsfragen (siehe Kapitel 2) wird nun das Forschungsmodell beschrieben. Darauf aufbauend werden das Vorgehen zur Identifikation eines geeigneten Erhebungsinstrumentes und der Prozess zur Auswahl der Interviewpartner erläutert.

3.1.1 Beschreibung des Forschungsmodells

Das entwickelte Forschungsmodell ist auf den zentralen Komponenten Forschungshorizont (Status Quo und Perspektive), dem Forschungsgegenstand Positive Leadership (Dimensionen: Vision, Stärken und Flow) sowie den Forschungsebenen (individuell, interpersonell und organisational) aufgebaut. Dabei werden beiden Forschungshorizonten jeweils einer Forschungsfrage zugeordnet. Die genaue Zuordnung der Forschungsfragen und die Übersicht des Forschungsmodells wird aus Abbildung 3 ersichtlich.

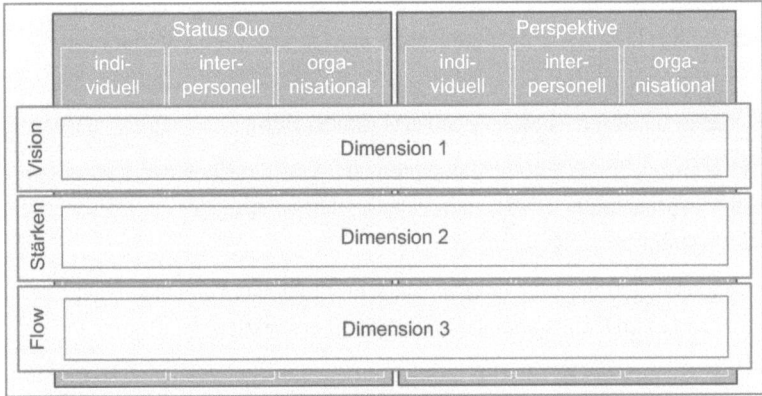

Abbildung 3: Darstellung des Forschungsmodells[82]

---

[82] Eigene Darstellung

Der Forschungsgegenstand Positive Leadership wird auf individueller, interpersoneller sowie organisationaler Ebene untersucht. Die Forschungsebenen spiegeln die Betrachtungsweise von der kleinsten Einheit einer Organisation (individuelle Ebene), über die nächstgrößte Einheit (interpersoneller Ebene) bis hin zur größten Einheit (organisationaler Ebene) wieder. Auf der individuellen Ebene wird die Führungskraft als Individuum in den Mittelpunkt der Forschung gestellt. Im Bereich der interpersonellen Ebene wird das unmittelbare Team der Führungskraft analysiert. Eine Betrachtung der Unternehmenskultur findet auf der dritten Ebene (organisational) statt und baut auf den beiden ersten Ebenen auf.

3.1.2 Auswahl und Beschreibung des Erhebungsinstrumentes

3.1.2.1 Definition und Auswahl der Forschungsmethode

Im Mittelpunkt des qualitativen Forschungsprozesses steht das Ziel der Erfassung einer subjektiven Sichtweise. Im Vergleich zu quantitativen Methoden haben qualitative Methoden eine offenere Zugangsweise zum Forschungsgegenstand.[83] Die Forschungsfragen des Forschungsgegenstand (Positive Leadership) sollen mit einer größtmöglichen Offenheit (Prinzip der Offenheit) und Flexibilität beantwortet werden können. Das Prinzip der Offenheit besagt, dass dem Interviewpartner ausreichend „Raum" zur Entfaltung der individuellen Deutungsmuster eingeräumt wird.[84] Daher wird die Interviewforschung dem Fragebogen zur Erhebung der Daten vorgezogen.

3.1.2.2 Auswahl der Interviewform

Im Besonderen handelt es sich um ein leitfadengestütztes Experteninterview (halbstandardisiertes Interview). Die Abgrenzung zu weiteren Interviewformen erfolgt über das Ziel der Untersuchung (Beantwortung der Forschungsfragen), den Zweck des Interviews (rekonstruierende Untersuchung) sowie der Rolle der Interviewpartner (Experten). Neben weiteren Varianten qualitativer Experteninterviews, wie dem explorativen Experteninterview oder dem Plausibilitätsgespräch, weist das leitfadengestützte Experteninterview eine stärkere strukturierende Form der Befragung auf.[85]

---

[83] Vgl. Vochezer, R.: 2008, S. 31.
[84] Vgl. Helfferich: 2009, S. 114.
[85] Vgl. Schnell, R./Hill, P./Esser, E.: 1999, S. 355f.

Weiterhin lässt sich bei dieser Interviewform ein flexibel aufgebautes Frageschema (Leitfaden) darstellen sowie eine offene Gesprächsführung gewährleisten. Im Befragungsprozess kann der Interviewer Verständnisprobleme klären, Nebenfragen stellen sowie Fragen an die jeweilige Gesprächssituation anpassen und zeitlich variieren.[86]

3.1.3 Auswahl und Kontaktierung der Experten

3.1.3.1 Rolle der Experten

Durch die leitfadenbasierte Befragung der Zielgruppe (Interviewpartner in der Rolle von Experten) werden die Meinungen der Experten rekonstruierend auf den Forschungsgegenstand (Positive Leadership) übertragen.[87]

Die Führungskräfte stehen dabei nicht als individuelle Person im Mittelpunkt des Forschungsinteresses, sondern repräsentieren als Experten der Personalführung stellvertretend für andere Führungskräfte die Sichtweise des Positive Leadership-Ansatzes.[88]

Generell wird bei der Befragung von Experten zwischen verschiedenen Dimensionen des Wissens unterschieden. Neben dem Betriebswissen (Kenntnisse der Experten über Prozesse und Routinen) und dem Kontextwissen (Kenntnisse des Experten über Rahmenbedingungen und Interessensstrukturen) kann im Rahmen eines Experteninterviews auch Deutungswissen abgefragt werden. Deutungswissen beinhaltet sowohl subjektive Sichtweisen, Interpretationen und Deutungen als auch normative Dispositionen wie Zielsetzungen und Bewertungen. Als Forschungsziel sollen subjektive Meinungen und Interpretationen im Hinblick auf die Bestandsaufnahme sowie den Potenzialausbau des Positive Leadership-Ansatzes in Erfahrung gebracht werden. Folglich handelt es sich bei der Erfassung um Deutungswissen.[89]

---

[86] Vgl. ebd., S. 355f.
[87] Vgl. Gläser, J./Laudel, G.: 2010, S. 13.
[88] Vgl. Kruse, J.: 2015, S. 166f.
[89] Vgl. Bogner: 2014, S. 18

3.1.3.2 Auswahl der Interviewpartner

Die Interviewführung findet in dem Unternehmen statt. Um einen praktischen Bezug zwischen den definierten Forschungsfragen und dem Unternehmen herzustellen, wurden Vorgespräche mit Führungskräften zum aktuellen Status sowie der geplanten Entwicklung von Positive Leadership geführt. Aus diesen Gesprächen geht hervor, dass der Positive Leadership-Ansatz zwar bekannt ist, jedoch nicht entsprechend der Wirkungsebenen Vision, Stärken und Flow eingesetzt wird. Infolge dessen kann mit den beiden formulierten Forschungsfragen relevantes Wissen erhoben werden. Damit gilt dieses Unternehmen für die Forschungsarbeit als geeignet.

Bei der Fokussierung auf diesen Bereich sind die externen Variablen wie Branche und Kundenstruktur identisch. Ebenso haben alle befragten Personen die gleichen Bereichsziele und identische Führungskräfte in den übergeordneten Managementebenen (interne Variablen).

Um ebenso das Gütekriterium der intersubjektiven Nachvollziehbarkeit zu erfüllen, erfolgt die Auswahl der Experten in Anlehnung an den folgenden drei zentralen Leitsätzen nach JOCHEN GLÄSER und GRIT LAUDES:

1. Der Experte muss über relevanten Informationen zur Beantwortung das Forschungsfragegen verfügen.
2. Der Experte muss in der Lage sein, präzise Informationen zu geben.
3. Der Experte muss bereit und verfügbar sein, um diese Informationen zu geben. [90]

Die Auswahl der Interviewpartner in Anlehnung an die drei Kriterien, setzt nicht nur ein hohes Maß an Kenntnis über den Forschungsgegenstand voraus, sondern geht ebenso mit einem hohen Wissensstand der institutionellen Gegebenheiten einher.

Da der Forschungsgegenstand ein Personalführungsthema ist, werden nur Führungskräfte als Experten identifiziert.

Um aus der Grundgesamtheit eine bewusste Fallauswahl zu treffen, welche die Heterogenität des Untersuchungsfeldes falltypologisch repräsentiert, werden die Experten nach dem Prinzip der maximalen Variationsbreite ausgewählt. In dieser Grundgesamtheit werden verschiedene Merkmalskategorien festgelegt, anhand derer geeignete Personen ausgewählt werden. Die Varianzmerkmale umfassen das

---

[90] Vgl. Gläser, J./Laudel, G.: 2006, S. 113.

Geschlecht, das Alter, die Dauer der Betriebszugehörigkeit, die Dauer der Führungsfunktion sowie verschiedene Fachbereiche in der Einheit. Da das Ziel der qualitativen Befragung darin besteht, Positive Leadership auf Basis einer systematischen Analyse transparent darzustellen, werden die Gesprächspartner vorwiegend auf Basis inhaltlicher Kriterien ausgewählt. So hat bei der Auswahl der Experten das Kriterium des inhaltlichen Wissens Vorrang zum Kriterium der Vielfältigkeit.

3.1.3.3 Darstellung des Stichprobenumfangs

Aufgrund der zeitlichen und strukturellen Begrenzung zur Durchführung der wissenschaftlichen Arbeit werden fünf Interviewpartner ausgewählt. Dieser Stichprobenumfang gilt bei qualitativen Interviews als angemessen.[91]

Die fünf Interviews wurden in dem Zeitraum vom 25.04.2019 bis zum 09.05.2019 geführt. Nachfolgend werden die statistischen Angaben der befragten Führungskräfte sowie die Dauer der fünf Interviews in Tabelle 2 zusammenfassend dargestellt.

	Führungskraft				
	FK1	FK2	FK3	FK4	FK5
Tätigkeitsfeld	Strategie	Marketing	Service	Digital Business	Vertrieb
Dauer aktuelle Funktion (in Jahren)	2-5	11-15	6-11	< 2	2-5
Betriebszugehörigkeit (in Jahren)	11-15	16-20	> 20	11-15	> 20
Geschlecht	männlich	weiblich	männlich	männlich	männlich
Alter (in Jahren)	40-49	50-59	50-59	30-39	40-49
Dauer Interview (in Minuten)	52	49	50	41	31

Tabelle 2: Übersicht statistische Angaben der Interviewpartner[92]

---

[91] Vgl. Helfferich: 2009, S. 175.
[92] Eigene Darstellung

Um die Anonymität der Befragten zu gewähren, werden die Führungskräfte nicht namentlich genannt. So wird der Begriff Führungskraft mit den beiden Buchstaben „FK" abgekürzt und mit einer fortlaufenden Nummerierung von eins bis fünf gekennzeichnet.

Die Auswahl nach dem beschriebenen Vorgehen zeigt, dass die Interviewpartner in den verschiedenen Tätigkeitsfeldern Strategie, Marketing, Service, Digital Business und Vertrieb tätig sind. Durch die bewusste Auswahl der verschiedenen beruflichen Funktionen der Interviewpartner werden verschiedene Perspektiven und Wahrnehmungen evaluiert. Weiterhin geht aus den statistischen Angaben hervor, dass die Dauer der aktuellen Funktion der Führungskräfte zwischen zwei und 15 Jahren liegt. Ebenso bewegt sich der Altersquerschnitt zwischen 30 und 59 Jahren. Die Dauer der Betriebszugehörigkeit variiert zwischen 11 bis mehr als 20 Jahren. Die Geschlechterverteilung zeigt, dass vier von fünf Befragten männlich sind. Durch diese Kriterien wird ersichtlich, dass eine Vielfältigkeit unter den befragten Personen besteht. Dies hat zur Folge, dass die Erfüllung der Gütekriterien Intersubjektivität, Offenheit und Reflexivität erhöht wird. Demnach kann anhand der unterschiedlichen Sichtweisen ein Querabgleich stattfinden.

3.1.3.4 Kontaktaufnahme der Interviewteilnehmer

Damit die Interviews auch rechtzeitig realisiert werden können und davon auszugehen ist, dass die zu befragenden Führungskräfte wenig freie Zeiträume haben, empfiehlt es sich die Experten rechtzeitig zu kontaktieren. Ein Vorteil der Kontaktaufnahme mittels E-Mail besteht darin, dass im Vergleich zur telefonischen Kontaktaufnahme ein Zeitvorteil entsteht und notwendige Hintergrundinformationen über das Forschungsvorhaben schriftlich festgehalten werden können. Dem genannten Vorteil steht das Risiko gegenüber, dass die Anfrage vom Interviewpartner übersehen wird.

Nach Bewertung des Mediums erfolgte die Kontaktaufnahme der Interviewpartner am 17.12.2018 per E-Mail. Die notwendigen Hintergrundinformationen umfassen eine Kurzbeschreibung des Forschungsthemas, eine Begründung, warum die Kontaktperson als Experte bezeichnet wird, Informationen über den Forschungshintergrund, relevante Datenschutzerklärungen, Eckdaten über den Zeitraum, in dem das Experteninterview durchgeführt wird sowie die ungefähre Länge der Interviewführung (siehe Anhang (B), Abbildung 18 bis Abbildung 29).

Da mit Absagen oder Ausfällen der ausgewählten Interviewpartner zu rechnen ist, werden noch drei weitere Führungskräfte identifiziert und ebenso ein Termin zur Interviewführung vereinbart. Es stellt sich nach der Anfrage der Experten heraus, dass alle Interviewpartner an der Umfrage teilnehmen und damit nicht auf die weiteren Experten zugegriffen werden muss.

3.2 Erstellung und Anwendung des Interviewleitfadens

In diesem Abschnitt wird die Erstellung des Interviewleitfadens und die Anwendung des Messinstrumentes beschrieben.

3.2.1 Operationalisierung des Positive Leadership-Ansatzes

Um den Interviewleitfaden zu erstellen, wird der Forschungsgegenstand operationalisiert. Dieser Prozess gliedert sich in die konzeptionelle sowie instrumentelle Operationalisierung. Dabei werden auf Basis der beiden Forschungsfragen Analysedimensionen gebildet, Fragenkomplexe definiert, Indikatoren identifiziert und anschließend die Interviewfragen systematisch abgeleitet. In Abbildung 4 wird der Prozess der Operationalisierung grafisch dargestellt.

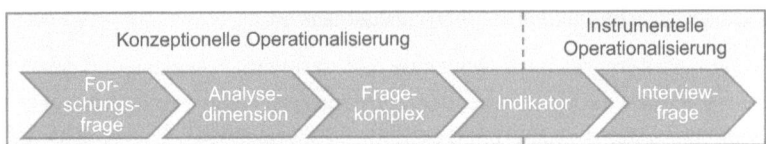

Abbildung 4: Darstellung des Operationalisierungsprozesses[93]

3.2.1.1 Konzeptionelle Operationalisierung

Das Ziel der konzeptionellen Operationalisierung ist es, das Forschungsproblem zu konkretisieren. So wird die Grundlage geschaffen, geeignete Interviewleitfragen abzuleiten.

In dem ersten Schritt werden drei Analysedimensionen (siehe Abbildung 5) identifiziert, die das Konstrukt Positive Leadership beobachtbar machen. Diese umfassen die Bestandteile Vision, Stärken und Flow, die im theoretischen Teil bereits als Kernelemente von Positive Leadership identifiziert wurden. Somit wird sichergestellt, dass die abgeleiteten Analysedimensionen theoretische Relevanz besitzen.

---

[93] Eigene Darstellung

Methode

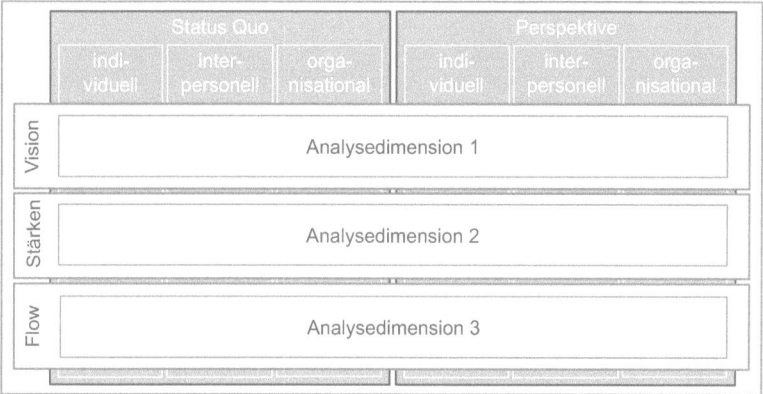

Abbildung 5: Darstellung der Analysedimensionen im Forschungsmodell[94]

Im nächsten Schritt wird festgelegt, wie die Informationen zur Beantwortung der Forschungsfragen erfasst werden. Folglich werden die drei Analysedimensionen in 18 Fragenkomplexe aufgeteilt. Der inhaltliche Rahmen der Fragenkomplexe ergibt sich durch die Rahmenparameter des Forschungshorizontes (Status Quo und Perspektive), der Forschungsdimensionen (Vision, Stärken und Flow) und der Forschungsebenen (individuell, interpersonell und organisational). Die Inhalte der einzelnen Fragenkomplexe werden aus den theoretischen Grundlagen abgeleitet (siehe Kapitel 2). Zur Veranschaulichung ist in Abbildung 6 der strukturelle Aufbau der Fragenkomplexe im Zusammenhang mit dem gesamten Forschungsmodell dargestellt.

---

[94] Eigene Darstellung

Methode

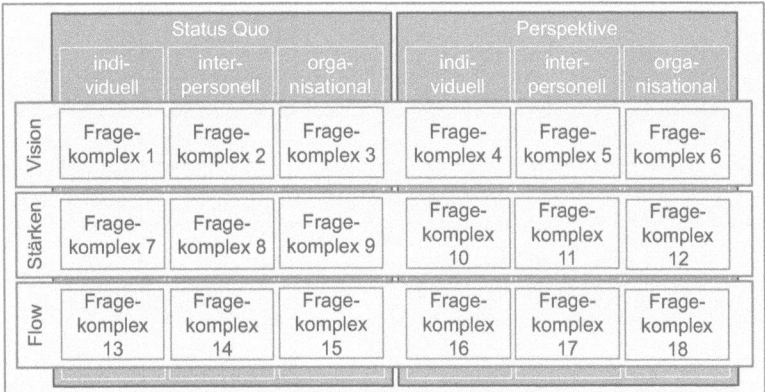

Abbildung 6: Darstellung der Fragenkomplexe im Forschungsmodell[95]

Alle Fragenkomplexe, die dem Forschungshorizont Status Quo zugeordnet sind, enthalten Inhalte, die sich auf die aktuelle Führungssituation in dem Unternehmen beziehen. Dahingegen sind die weiteren Fragenkomplexe dem Forschungshorizont Perspektive unterstellt und beinhalten inhaltliche Komponenten der Potenzialentwicklung von Positive Leadership.

Zur Demonstration der inhaltlichen Gestaltung wird anschließend der Fragenkomplex 1 repräsentativ dargestellt. Der Fragenkomplex 1 wird als „Bestandsaufnahme visionäre Führungskraft" bezeichnet. Demzufolge wird die Dimension Vision auf individueller Ebene betrachtet und im Hinblick auf den Forschungshorizont Status Quo untersucht.

Nach Erläuterung des strukturellen Aufbaus werden die einzelnen Fragenkomplexe der identifizierten Analysedimensionen dargestellt. Die hervorgehobenen Begriffe in den nachfolgenden Tabellen (Tabelle 3, Tabelle 4 und Tabelle 5) spiegln Elemente der Indikatoren des Strukturbaums wieder. Nachfolgend wird je Analysedimension ein Fragenkomplex zur exemplarischen Darstellung näher erläutert. Eine Übersicht der Themenfelder 1-6 (Analysedimension Vision) ist in Tabelle 3 dargestellt.

---

[95] Eigene Darstellung

Inhalt der Fragenkomplexe 1-6
1. Bestandsaufnahme visionäre Führungskraft
Welchen **Führungsstil** hat die Führungskraft? Hat die Führungskraft eine **berufliche Vision** und kennt Sie die **Unternehmensvision**? Lassen sich beide Visionen in Einklang bringen, um die Voraussetzung zur Entfaltung einer intrinsischen Motivation zu erfüllen?
2. Bestandsaufnahme visionäres Team
Kennen die Mitarbeiter der Führungskraft die **Unternehmensvision** und wie wird dies **sichtbar**?
3. Bestandsaufnahme visionäre Organisation
Entfaltet die aktuelle Unternehmensvision **Wirkung** und wie macht sich das **bemerkbar**?
4. Entwicklung zur visionären Führungskraft
Glaubt die Führungskraft an die **intrinsische Motivation** einer Vision und welches **Entwicklungspotenzial** gibt es?
5. Entwicklung zum visionären Team
Glaubt die Führungskraft an die **intrinsische Motivation** einer Vision auf Teamebene und kennt Sie die **Vision der Mitarbeiter**, um die Voraussetzung der visionären Führung zu erfüllen?
6. Entwicklung zur visionären Organisation
Gibt es weitere **Maßnahmen**, die Motivation der Unternehmensvision zu nutzen?

Tabelle 3: Darstellung der Fragenkomplexe 1-6 der Analysedimension Vision[96]

Der erste Abschnitt (Fragenkomplex 1) soll identifizieren, ob die Führungskraft einen visionären Führungsstil ausübt. Weiterhin wird erfasst, ob die Führungskraft eine berufliche Vision hat und die Unternehmensvision kennt. Mit diesen

---

[96] Eigene Darstellung

Informationen lässt sich ermitteln, ob die Wirkungsvoraussetzungen der Dimension Vision erfüllt sind.

In der darauffolgenden Übersicht (siehe Tabelle 4) werden die Inhalte der Fragkomplexe der Analysedimension Stärken zusammenfassend dargestellt.

Inhalte der Fragenkomplexe 7-12
7. Bestandsaufnahme stärkenorientierte Führungskraft
Kennt die Führungskraft ihre drei **wichtigsten Stärken, setzt sie** ein und erfüllt damit die Voraussetzung für eine stärkenorientierte Führung?
8. Bestandsaufnahme stärkenorientierte Teams
Kennt die Führungskraft die **wichtigsten Stärken ihrer Mitarbeiter** und erfüllt damit die Voraussetzung zum Aufbau eines stärkenorientierten Teams?
9. Bestandsaufnahme stärkenorientierte Organisation
Sind aus Sicht der Führungskraft genug **Möglichkeiten** in der Organisation, um Mitarbeiter stärkenorientiert zu fördern?
10. Entwicklung zur stärkenorientierten Führungskraft
Ist die Führungskraft bereit ihre **Stärken** noch **fokussierter einzusetzen?**
11. Entwicklung stärkenorientierte Teams
Glaubt die Führungskraft an den stärkenorientierten Aufbau von Teams?
12. Entwicklung stärkenorientierte Organisation
Welche **Möglichkeiten** sollte es aus Sicht der Führungskraft im Unternehmen geben, um die Stärken der Mitarbeiter auszubauen?

Tabelle 4: Darstellung der Fragenkomplexe 7-12 der Analysedimension Stärken[97]

Der Kernbestandteil des Fragenkomplexes 7 ist, ob die Führungskraft ihre drei wichtigsten Stärken kennt und diese einsetzt. Dadurch wird die Wirkungsvoraussetzung der Dimension Stärken geprüft.

---

[97] Eigene Darstellung

Die Tabelle 5 zeigt die Inhalte (Fragenkomplexe 13-18) der Analysedimension Flow.

Inhalte der Fragenkomplexe 13-18
13. Bestandsaufnahme engagierte Führungskraft
Kennt die Führungskraft den **Flow-Zustand** und sind die **Voraussetzungen** gegeben, um in diesen Zustand zu kommen?
14. Bestandsaufnahme engagiertes Team
Sind aus Sicht der Führungskraft **geeigneten Rahmenbedingungen** gegeben, damit das Team in einen Flow-Zustand kommen kann?
15. Bestandsaufnahme engagiertes Organisation
Welche organisationalen **Maßnahmen** werden derzeit umgesetzt, um Flow-Zustände in der Organisation zu erzielen?
16. Entwicklung engagierte Führungskraft
Glaubt die Führungskraft an die positiven Effekte des Flow-Zustands und ist bereit, **mehr dieser Zustände** zu erzeugen?
17. Entwicklung engagiertes Team
Welches **Optimierungspotenzial** gibt es aus Sicht der Führungskraft, um im Team kontinuierliche Flow-Zustände zur Leistungssteigerung zu generieren?
18. Entwicklung engagierte Organisation
Welche **Möglichkeiten** sollte es aus Sicht der Führungskraft im Unternehmen geben, um Flow-Zustände zu generieren?

Tabelle 5: Darstellung der Fragenkomplexe 13-18 der Analysedimension Flow[98]

Der Fragenkomplex 13 erfasst, ob die Führungskraft den Flow Zustand kennt und damit die Wirkungsvoraussetzungen für diesen Fragabschnitt erfüllt sind.

3.2.1.2 Instrumentelle Operationalisierung

In der zweiten Phase der Operationalisierung werden die Interviewfragen formuliert. Dabei werden aus den 18 Fragenkomplexen zugehörige Indikatoren abgeleitet. Die drei Strukturbäume werden im Folgenden (siehe Tabelle 6, Tabelle 7 und Tabelle 8) dargestellt.

---

[98] Eigene Darstellung

Dimension	Ebene	Fragenkomplexe	Indikatoren
Vision	individuell	Bestandsaufnahme visionäre Führungskraft	• Führungsstil • Vorhandensein beruflicher Vision • Kenntnis der Unternehmensvision
		Entwicklung zur visionären Führungskraft	• Bewusstheit über intrinsische Motivation • Entwicklungspotenziale
	interpersonell	Bestandsaufnahme visionäres Team	• Kenntnis der Unternehmensvision • Maßnahmen
		Entwicklung zum visionären Team	• Bewusstheit über intrinsische Motivation • Kenntnis über Mitarbeitervision
	organisational	Bestandsaufnahme visionäre Organisation	• Wirkung • Maßnahmen
		Entwicklung zur visionären Organisation	• Maßnahmen

Tabelle 6: Strukturbaum der Analysedimension Vision[99]

---

[99] Eigene Darstellung

Dimension	Ebene	Fragenkomplexe	Indikatoren
Stärken	individuell	Bestandsaufnahme stärkenorientierte Führungskraft	• Bekanntheit der eigenen Stärken • Einsatz der eigenen Stärken
		Entwicklung zur stärkenorientierten Führungskraft	• Bereitschaft der Optimierung des Stärkeneinsatzes • Maßnahmen zum Einsatz der eigenen Stärken
	interpersonell	Bestandsaufnahme stärkenorientierte Teams	• Bekanntheit der Mitarbeiterstärken
		Entwicklung zu stärkenorientierten Teams	• Bewusstheit stärkenorientierte Teams
	organisational	Bestandsaufnahme stärkenorientierte Organisation	• Ausreichende Maßnahmen
		Entwicklung zur stärkenorientierten Organisation	• Perspektivische Maßnahmen

Tabelle 7: Strukturbaum der Analysedimension Stärken[100]

---

[100] Eigene Darstellung

Dimension	Ebene	Fragenkomplexe	Indikatoren
Flow	individuell	Bestandsaufnahme engagierte Führungskraft	• Kenntnis Flow-Zustandes • Voraussetzung Flow-Zustand
		Entwicklung zur engagierten Führungskraft	• Ausbau Flow-Zustand • Maßnahmen
	interpersonell	Bestandsaufnahme engagierte Teams	• Voraussetzung Flow-Zustand
		Entwicklung zu engagierten Teams	• Optimierungspotenzial
	organisational	Bestandsaufnahme engagierte Organisation	• Maßnahmen
		Entwicklung zur engagierten Organisation	• Maßnahmen

Tabelle 8: Strukturbaum der Analysedimension Flow[101]

---

[101] Eigene Darstellung

Nach der Festlegung der Fragenkomplexe und der Indikatoren werden die Interviewfragen erstellt. Die Entwicklung der Interviewfragen basiert auf der SPSS Methode. SPSS ist ein Akronym und steht für die vier Prozessschritte „Sammeln", „Prüfen", „Sortieren" und „Subsumieren".[102]

Im ersten Schritt werden alle Fragen gesammelt, die mit dem Forschungsgegenstand Positive Leadership und den beiden Forschungsfragen in Zusammenhang stehen sowie Aufschluss über die drei Dimensionen (Vision, Stärken, Flow) geben.

Bei der Sammlung der Fragen wird zwischen Fragen, die sich auf Positive Leadership beziehen sowie statistischen Fragen (Faktenfragen) unterschieden. Ebenso erfolgt eine erste Zuordnung der Fragen zu den beiden Forschungshorizonten Status Quo und Perspektive. Die 57 Fragen sind in Tabelle 31-Tabelle 36 im Anhang (A) dargestellt.

Anschließend wird im zweiten Schritt (Prüfen) die Frageliste geprüft. Zunächst wird die gesamte Frageliste dahingehend überprüft, ob jede Frage potenziell dazu beiträgt, die beiden Forschungsfragen zu beantworten. Entsprechend werden alle Fragen eliminiert, die keinen Informationsgehalt zu den Fragenkomplexen und Indikatoren aufweisen.

Die weitere Prüfung und Revidierung erfolgt mithilfe von verschiedenen Prüffragen. Die Prüffragen dienen als Maßstab, ob der Inhalt und die Formulierung der Fragen zur Erfassung des Forschungsgegenstandes geeignet sind.

Grundsätzlich kann die Beantwortung der Prüffragen dazu führen, dass eine Frage gelöscht, verändert oder beibehalten wird. Die Übersicht der Prüffragen geht aus Tabelle 9 hervor.

---

[102] Vgl. Helfferich: 2009, S. 182.

Prüffragen	Entscheidungskriterien und Maßnahmen
1. Sind reine Informationsfragen vorhanden?	• Können diese Fragen an anderer Stelle einseitig erfragt werden, dann wird diese Frage gelöscht oder dem statistischen Bereich zugeordnet.
2. Eignen sich die Fragen zur Erfassung einer subjektiven Meinung, die möglicherweise sogar in eine komplett andere Richtung gehen kann?	• Gewähren die Fragen keine ausreichend Offenheit und erheben eine retroperspektivische Deutung, werden diese umformuliert.
3. Sind die Fragen so formuliert, dass nicht nur implizites Wissen des Forschers bestätigt, sondern neues Wissen erhoben wird?	• Bei Vorhandensein von reinem implizitem Wissensfragen, werden diese gelöscht oder umformuliert.
4. Dienen die Fragen zur Überprüfung der übergeordneten Forschungsfragen?	• Sollte die Fragen theoretische Zusammenhänge abfragen, ist zunächst zu prüfen, ob die Personen, diese Fragen beantworten könnten und bei zu abstrakten Zusammenhängen zu eliminieren.

Tabelle 9: Übersicht der Prüffragen und den daraus resultierenden Maßnahmen[103]

Welche Fragen (F) nach dem Prüfprozess gelöscht, in veränderter oder in gleicher Formulierung in den Fragebogen übernommen werden, wird in der nachfolgenden Darstellung (siehe Tabelle 10) ersichtlich.

---

[103] Eigene Darstellung in Anlehnung an Helfferich, C.: 2009, S. 182f.

F	Prüfkriterien				abgeleitete Maß-nahme
	reine Information	subjektive Meinung	neues Wissen	Inhalt der Forschungsfragen	
1.	☒	☐	☐	☐	beibehalten
2.	☒	☐	☐	☐	beibehalten
3.	☒	☐	☐	☐	beibehalten
4.	☒	☐	☐	☐	beibehalten
5.	☒	☐	☐	☐	beibehalten
6.	☒	☐	☐	☐	beibehalten
7.	☒	☐	☐	☐	beibehalten
8.	☒	☐	☐	☐	beibehalten
9.	☐	☒	☒	☒	beibehalten
10.	☐	☒	☒	☒	beibehalten
11.	☐	☐	☒	☒	löschen
12.	☐	☒	☒	☒	beibehalten
13.	☐	☐	☒	☒	verändern
14.	☐	☒	☒	☒	beibehalten
15.	☐	☐	☒	☒	löschen
16.	☐	☒	☒	☒	beibehalten
17.	☐	☒	☒	☒	beibehalten
18.	☐	☒	☒	☒	beibehalten
19.	☐	☒	☒	☒	beibehalten
20.	☐	☒	☒	☒	beibehalten
21.	☐	☒	☒	☒	beibehalten
22.	☐	☒	☒	☒	beibehalten
23.	☐	☒	☒	☒	beibehalten
24.	☐	☒	☒	☒	beibehalten
25.	☐	☒	☒	☒	beibehalten
26.	☐	☒	☒	☒	beibehalten
27.	☐	☒	☒	☒	beibehalten
28.	☐	☒	☒	☒	beibehalten
29.	☐	☒	☒	☒	beibehalten
30.	☐	☒	☒	☒	beibehalten

Methode

31. ☐	☒	☒	☒	beibehalten
32. ☐	☒	☒	☒	beibehalten
33. ☐	☒	☒	☒	beibehalten
34. ☐	☒	☒	☒	beibehalten
35. ☐	☒	☒	☒	beibehalten
36. ☐	☒	☒	☒	beibehalten
37. ☐	☒	☒	☒	beibehalten
38. ☐	☒	☒	☒	beibehalten
39. ☐	☒	☒	☒	beibehalten
40. ☐	☒	☒	☒	beibehalten
41. ☐	☒	☒	☒	beibehalten
42. ☐	☒	☒	☒	beibehalten
43. ☐	☒	☒	☒	beibehalten
44. ☐	☒	☒	☒	beibehalten
45. ☐	☒	☒	☒	beibehalten
46. ☐	☐	☒	☒	verändern
47. ☐	☒	☒	☒	beibehalten
48. ☐	☒	☒	☒	beibehalten
49. ☐	☒	☒	☒	beibehalten
50. ☐	☒	☒	☒	beibehalten
51. ☐	☒	☒	☒	beibehalten
52. ☐	☒	☒	☒	beibehalten
53. ☐	☒	☒	☒	beibehalten
54. ☐	☒	☒	☒	beibehalten
55. ☐	☒	☒	☒	beibehalten
56. ☐	☒	☒	☒	beibehalten
57. ☐	☒	☒	☒	beibehalten

Tabelle 10: Anwendung der Prüfkriterien und Darstellung der Maßnahmen[104]

---

[104] Eigene Darstellung

Um die Anwendung des Prüfprozesses repräsentativ darzustellen, wird je Prüffrage eine Interviewfrage zur Anwendung dieses Prozessschrittes in nachfolgend dargestellt und erläutert (siehe Tabelle 11).

Prüffrage	Frage vor Anwendung der Prüffrage	Vorgehen nach Anwendung der Prüffrage
1. Sind reine Informationsfragen vorhanden?	• Frage 1: Wie alt ist die zu befragende Person?	• Frage 1 wird beibehalten.
2. Eignen sich die Fragen zur Erfassung einer subjektiven Meinung, die möglicherweise sogar in eine komplett andere Richtung gehen kann?	• Frage 11: Was bedeutet Positive Leadership für Sie als Führungskraft?	• Frage 11 wird gelöscht.
3. Sind die Fragen so formuliert, dass nicht nur implizites Wissen des Forschers bestätigt, sondern neues Wissen erhoben wird?	• Frage 18: Wir haben in der Vergangenheit viel „Know-How" gewonnen, aber wir haben das „Know-Why" verloren. Wie würden Sie den Satz interpretieren?	• Frage 18 wird beibehalten.
4. Dienen die Fragen zur Überprüfung der übergeordneten Forschungsfragen?	• Frage 35: Kennen Sie ihre drei wichtigsten Stärken?	• Frage 35 wird beibehalten.

Tabelle 11: Repräsentative Darstellung der Anwendung von Prüffragen[105]

Da im Vorfeld bereits alle Fragen mit reinem Informationsgehalt der Kategorie Informationsfragen (statistische Angaben) zugeordnet wurden, wird die erste Prüffrage nicht mehr angewandt. Demzufolge werden alle Fragen zu den statistischen Angaben übernommen. Zur durchgängigen Darstellung der Methode ist in der

---

[105] Eigene Darstellung

Übersicht die erste Frage zur Erfassung des Alters des Interviewpartners dargestellt.

Durch die Anwendung der zweiten Prüffrage werden die Fragen identifiziert, die sich nicht zur Erfassung einer subjektiven Meinung des Experten eignen. Mit der elften Frage wird die Einstellung des Interviewpartners zu dem Führungskonstrukt Positive Leadership erfasst. Folglich wird in dieser Frage konkret nach Positive Leadership gefragt. Da nicht davon ausgegangen werden kann, dass alle Befragten den feststehenden Begriff Positive Leadership kennen, wird diese Frage gelöscht.

Bei der dritten Prüffrage werden Fragen dahingehend analysiert, ob der Forscher neues Wissen erheben kann. Die Frage 18 beinhaltet einen Leitsatz aus einem Dokumentationsfilm, der anhand eines Unternehmens die Ausübung von Positive Leadership darstellt. Dieser soll von den Befragten interpretiert werden. Dadurch werden neue Perspektiven aus Sicht des Befragten erfasst und infolgedessen wird die Frage 18 in den Fragebogen übernommen.

Der letzte Prüfschritt stellt sicher, dass die formulierten Fragen die zwei übergeordneten Forschungsfragen beantworten. Als beispielhafte Darstellung wird die Frage 35 interpretiert. Dabei wird überprüft, ob die Voraussetzung einer Stärkenorientierung erfüllt ist. Dieser Inhalt trägt zur Beantwortung der Forschungsfragen bei und wird ebenfalls in den Interviewleitfaden übernommen.

Im weiteren Verlauf werden alle Fragen dargestellt (siehe Tabelle 12), die umformuliert werden.

Frageformulierung vor Prüfung	Frageformulierung nach Prüfung
• Frage 13: Wie würden Sie einen **innovativen** Führungsstil beschreiben?	• Wie würden Sie einen **zukunftsfähigen** Führungsstil beschreiben?
• Frage 46: Wann haben Sie das letzte Mail ein Flow-Erlebnis gehabt? **Wie oft haben Sie eine solches Flow-Erlebnis im Monat?**	• Wann haben Sie das letzte Mal ein Flow-Erlebnis gehabt?

Tabelle 12: Übersicht der umformulierten Fragen nach Prüfungsprozess[106]

---

[106] Eigene Darstellung

Aus der Darstellung geht hervor, dass in der Frage 13 das Adjektiv innovativ zu zukunftsfähig umgewandelt wird. Das Wort innovativ weist einen zu starken Bezug zu technischen Konstrukten auf, wohingegen das Wort zukunftsfähig einen größeren Interpretationsraum subjektiver Meinungen einräumt. Die ursprüngliche Frage 46 beinhaltet neben dem Frageteil, ob schon mal ein Flow-Zustand erlebt wurde, ebenfalls einen Bilanzierungsteil. Dieser Bilanzierungsteil soll die Häufigkeit eines erlebten Flow-Zustandes der befragten Person erfassen. Da davon ausgegangen wird, dass der Begriff Flow für die Führungskräfte im Zusammenhang mit dem Führungsansatz neu ist, wird dieser Frageteil gelöscht.

Als Zwischenfazit ist festhalten, dass durch die Anwendung der Prüffragen, die Frage 11 und die Frage 15 den Prüfkriterien nicht standhalten kann und somit gelöscht werden. Frage 13 und Frage 46 werden so umformuliert, dass die Wahrscheinlichkeit zur konkreten Beantwortung der Forschungsfragen erhöht wird. Alle weiteren Fragen haben die Prüfkriterien erfüllt und werden in den Interviewleitfaden übernommen. Damit umfasst der Interviewleitfaden, ohne die statistischen Angaben, 46 Interviewfragen.

Im dritten Schritt (Sortieren) werden alle gesammelten Fragen hinsichtlich der zeitlichen Abfolge strukturiert sowie den Kategorien, den Leitfragen und den konkreten Nachfrageelementen zugeordnet.

Im abschließenden Schritt (Subsumieren) werden die Fragen zu den vier Hauptbereichen Positive Leadership, Vision, Stärken und Flow zugeordnet. Die Beschreibung des Aufbaus des Interviewleitfadens erfolgt im darauffolgenden Kapitel 3.2.2.

3.2.2 Darstellung des Interviewleitfadens

3.2.2.1 Funktionalitäten und Formalitäten des Leitfadens

Das Erhebungsinstrument wird in Anlehnung an das beschriebene Forschungsmodell entwickelt. Dementsprechend wird der Leitfaden auf Basis des Strukturbaums des Konstruktes Positive Leadership erstellt. Die grundsätzliche Funktion des Leitfadens besteht darin, die konkrete Gesprächssituation durch die Anordnung der Leitfragen zu strukturieren. Folglich ist der Leitfaden so konzipiert, sodass der Befragte eine nachvollziehbare Argumentationslogik erkennt. Dabei wird von dem allgemeinen Forschungskonstrukt Positive Leadership auf die spezifischen Elemente Vision, Stärken und Flow übergeleitet.

Der Leitfaden gliedert sich in sieben Bereiche. Der erste Abschnitt umfasst die Hinführung zum Forschungsgegenstand (Teil A). Diese Einleitung besteht aus, der

Erläuterung des Hintergrundes der Befragung, der Beschreibung der persönlichen Motivation, dem Ziel der Befragung, der Darstellung der Rolle des Experten, der Information über den Umfang der Befragung, der weiteren Handhabung der erhobenen Daten sowie der Beschreibung des Aufbaus des Fragebogens.

Die Grundstruktur der vier weiteren Themenblöcke (Konstrukt Positive Leadership, Dimension Vision, Dimension Stärken und Dimension Flow) haben den gleichen formalen Aufbau. Damit wird sichergestellt, dass der Interviewpartner relevante Hintergrundinformationen erhält.[107] So werden im nächsten Abschnitt die Fragen zu dem Konstrukt Positive Leadership zusammengefasst (Teil B). Die weiteren drei Bereiche bilden die Dimensionen Vision, Stärken und Flow (Teil C-E). Im sechsten Teil des Fragebogens werden die statistischen Angaben erhoben (Teil F). Abschließend wird dem Interviewpartner die Möglichkeit gegeben, noch weitere Anmerkungen zu dem Führungsansatz zu mitzuteilen (Teil G).

Zur Veranschaulichung wird in folgend (siehe Abbildung 7) ein Ausschnitt des Interviewleitfadens dargestellt und anschließend inhaltlich erläutert.

1. Wie würden Sie einen zukunftsfähigen Führungsstil beschreiben?									
Konkrete Fragen	Check – Wurde das erwähnt?	Aufrechterhaltungs- und Steuerungsfragen	Status Quo	Perspektive	individuell	interpersonell	organisational	Sonstiges
a) Mit welchen drei Eigenschaftswörtern würden Sie einen zukunftsfähigen Führungsstil beschreiben?	• *Flexibel, innovativ, teamorientiert, offen, authentisch, kooperativ, moderierend, gestalterisch, offen, visionär, stärkenorientiert*	• Können Sie noch weitere Elemente nennen? • Und sonst?	☐	☐	☐	☐	☐	☐

Abbildung 7: Ausschnitt aus dem Interviewleitfaden Teil A[108]

Die erste Leitfrage des Interviewleifadens lässt den Interviewpartner beschreiben, was er unter einem zukunftsfähigen Führungsstil versteht. Zur Erfassung des spezifischen Detailwissens zu Positive Leadership folgt die erste konkrete Frage nach drei Eigenschaftswörtern dieses Führungsansatzes. In einer Checkliste werden verschiedene Adjektive gesammelt, die den Führungsansatz beschreiben. Diese Checkliste dient als Überprüfung, ob die konkrete Frage vom Interviewten forschungsbezogen interpretiert wird. Die Stichwörter werden bei stockenden

---

[107] Vgl. Kaiser, R.: 2014, S. 53.
[108] Eigene Darstellung

Erzählungen aufgegriffen, um neue Impulse zu einer Leitfrage zu liefern und den Gesprächsfluss aufrechtzuerhalten.[109]

Aus dem Pre-Test geht hervor, dass bei der Befragung die Forschungshorizonte (Status Quo und Perspektive) und Forschungsebenen (individuell, interpersonell und organisational) unterschiedlich in die Antwort einbezogen werden. So dienen die Ankreuzmöglichkeiten in den letzten Spalten dazu, dass sich der Forscher während des Interviews Anmerkungen machen kann, zu welchem Forschungshorizont und welcher Forschungsebene Bezug genommen wird. Der gesamte Leitfaden ist im Anhang enthalten (siehe Anhang Teil (B) Abbildung 18-Abbildung 29).

3.2.2.2 Darstellung der Fragetypen

Um den Kommunikationsfluss aufrecht zu halten, werden im Interviewleitfaden verschiedene Fragetypen verwendet (siehe Tabelle 13). Grundsätzlich wird zwischen Leitfragen und konkreten Fragen differenziert. Alle Einführungsfragen der vier Themenfelder Leitfragen sind. Diese geben dem Gesprächspartner die Möglichkeit, das Forschungskonstrukt zu reflektieren und sich so auf die bevorstehenden Detailfragen vorbereiten zu können. Alle weiteren konkreten Fragen sind strukturierende, direkte, indirekte oder interpretierende Fragen. Zur Darstellung der unterschiedlichen Frageformen werden im weiteren Verlauf zu jedem Fragentyp eine konkrete Frage aus dem Interviewleitfaden dargestellt und beschrieben.

Fragentypen	Frage aus dem Interviewleitfaden
• Einführungsfrage	• Wie würden Sie einen zukunftsfähigen Führungsstil beschreiben?
• Strukturierende Frage	• Mit welchen drei Eigenschaftswörtern würden Sie einen zukunftsfähigen Führungsstil beschreiben?
• Direkte Frage	• Auf einer Skala von 1-6 (1 maximal demokratisch) wo würden Sie Ihren Führungsstil einordnen?
• Indirekten Frage	• Was glauben Sie: Wie viel Prozent Ihrer Mitarbeiter kennen die Unternehmensvision?

---

[109] Vgl. Helfferich, C.: 2009, S. 186.

• Interpretierende Frage	• Glauben Sie, der bewusste Einsatz von Visionen macht sich in den Unternehmenskennzahlen bemerkbar?

Tabelle 13: Darstellung der verschiedenen Fragetypen im Interviewleitfaden[110]

Der Interviewleitfaden beginnt mit der Einführungsfrage, bei der die subjektive Meinung zu einem zukunftsfähigen Führungsstil abgefragt wird. In Anlehnung an diese offene Frage folgt eine strukturierende Frage, die konkrete Eigenschaftswörter eines zukunftsfähigen Führungsstils erfasst. Diese Fragetypen haben das Ziel, die Antworten auf die Themenfelder von Vision, Stärken und Flow zu lenken. Wiederum direkte Fragen dienen zur Erhebung konkreter Informationen. Um häufiges Nachfragen zu vermeiden, werden diese Frage kurz und knapp formuliert. Die dargestellte Frage lässt den Experten die Art seines Führungsstils einschätzen.

Aufgrund der Verhaltensforschung ist davon auszugehen, dass die Befragten von sich aus keine Meinungen von Dritten darstellen.[111] In Form von indirekten Fragen soll der Befragte einschätzen, wie viel Prozent seiner Mitarbeiter die Unternehmensvision kennen. Weiterhin dienen die interpretierenden Fragen dazu, die subjektive Meinung der Interviewten zu erfassen. Alle drei Dimensionen schließen mit einer interpretierenden Frage, die die Einstellung zu der Wirkung der Vision, den Stärken und dem Flow-Zustand abfragt.

Während des Sortierungsprozesses der Fragen wird ersichtlich, dass ein Spannungsfeld zwischen der Offenheit der Frageformulierung und einer notwendigen Strukturierung existiert. Dieses Spannungsfeld im Forschungsverlauf wird durch ein flexibles und dynamisches Strukturprinzip des Leitfadens gelöst. Mit diesem Aufbau folgt der Leitfaden dem Prinzip „vom Offenen zum Strukturierenden". Damit hat die Offenheit Vorrang vor der Strukturiertheit und ermöglicht es, die Reihenfolge der Fragen zu variieren.[112]

---

[110] Eigene Darstellung
[111] Vgl. Kaiser, R.: 2014, S. 66.
[112] Vgl. Kruse, J.: 2015, S. 211ff.

3.2.2.3 Pre-Test und Re-Design des Interviewleitfadens

Das entwickelte Erhebungsinstrument wird im Vorfeld des Interviews mittels eines Pre-Tests geprüft. Dieser Test erlaubt es, die Interviewsituation einzustudieren und das entwickelte Erhebungsinstrument zu optimieren. Der Pre-Test wird in Anlehnung an SCHNELL durchgeführt und erfasst folgende Informationen:

- Dauer der Befragung
- Verständnis und Interesse der Fragen
- Kontinuität des Interviewablaufs[113]

Der Pre-Test wird am 25.04.2019 mit einer Führungskraft durchgeführt und nahm 55 Minuten in Anspruch. Die Auswahl des Interviewpartners erfolgt dabei mittels der Kriterien zur Auswahl der Experten (siehe Kapitel 3.1.3). Dadurch wird sichergestellt, dass der Pre-Test der realen Interviewsituation entspricht. Bei der Durchführung des Pre-Tests kommt es bei der Frage 17 zu Verständnisproblemen. Ebenso sind die Informationen aus Frage 5, Frage 6 und Frage 7 (statistische Fragen) für die spätere Auswertung überflüssig. Weiterhin wird der Inhalt der Frage 30 bereits durch die Beantwortung der Frage 31 abgedeckt. Gemäß dem Kriterium „Verständnis und Interesse der Fragen" werden diese Fragen gelöscht.

Darüber hinaus wird festgestellt, dass die Strukturierung der Fragen übernommen werden kann. Das Kriterium „Kontinuität des Interviewablaufs" ist durch die Frageabfolgen erfüllt. Zudem wird die Bewusstheit für den Forscher geschaffen, dass der größtmögliche Informationsgehalt erworben wird, wenn die Fragen nicht chronologisch, sondern situativ angepasst an den Interviewpartner gestellt werden.

Durch den Pre-Test wird sichergestellt, dass die inhaltliche und situative Fehlerwahrscheinlichkeit bei der realen Befragung minimiert und damit der Grad des Informationsgehalts zur Beantwortung der Forschungsfragen erhöht werden. Um das Forschungsproblem hinreichend zu durchdringen, stellt sich bei dem Pretest heraus, dass vier Leitfragen mit 36 Nebenfragen und einer ungefähren Befragungsdauer von 40-50 Minuten angemessen sind.

---

[113] Vgl. Schnell, R./Hill, P./Esser, E.: 2008, S. 347.

3.2.3 Beschreibung der Datenerhebung

3.2.3.1 Rahmenbedingungen der Datenerhebung

Im Rahmen der Durchführung der Experteninterviews wird auf die Forschungsethik, die Datenschutzbestimmung sowie die Einwilligungserklärung geachtet. Weiterhin muss sichergestellt werden, dass durch die Forschung keine Nachteile für die Personen entstehen.[114] Darüber hinaus gilt es, die auditiv aufgezeichneten Dateien nach §3 Bundesdatenschutzgesetz (BDSG) zu anonymisieren, sodass keine personenbezogenen Einzelangaben zu Personen zugeordnet werden können.[115]

Folglich werden die Experten zu Beginn der Befragung über den Forschungshintergrund, ihre Rolle als Experte und die Verwendung der Daten informiert. Ebenso wird vor dem Gespräch eine Einwilligungserklärung zur auditiven Aufzeichnung des Interviews sowie zur Verwendung der anonymisierten, inhaltlichen Daten vom Interviewer und Interviewpartner unterzeichnet.

3.2.3.2 Beschreibung der Interviewführung

Die Kommunikation ist ein Grundprinzip der qualitativen Forschung und besagt, dass der Forscher „[...] den Zugang zu dem Sinnsystem der Erzählperson finden [...] [muss]."[116] Da jede Interviewsituation einen Kommunikations- und Interaktionsprozess darstellt, reagieren Interviewer und Interviewpartner wechselseitig aufeinander. Demnach hängt der Erfolg eines Experteninterviews nicht nur von inhaltlichen, sondern auch von interaktiven Faktoren ab.[117]

Entsprechend unterteilt sich die Durchführung der Interviews in zwei Phase. In der ersten Phase (Eröffnungsphase) der Interviewsituation ist es von zentraler Bedeutung, dass der Forscher das Vertrauen des Interviewpartners gewinnt. Denn nur, wenn der zu Interviewende dem Forscher Kompetenz zuweist und Sympathie gegenüber dem Forscher ausbildet, kann die Grundlage für ein zielführendes Interview geschaffen werden.[118] In dieser Phase erfolgen noch keine detaillierten Erläuterungen zu Positive Leadership. Die zweite Phase des Interviews beinhaltet einen höheren Diskussionsanteil.

---

[114] Vgl. Helfferich, C.: 2009, S. 188.
[115] Vgl. § 5 BDSG (25. Mai 2018); vgl. Helfferich, C.: 2009, S. 188.
[116] Helfferich, C.: 2009, S. 79.
[117] Vgl. ebd., S. 119.
[118] Vgl. Kaiser, R.: 2014, S. 80.

Im Anschluss an das Interview erfolgt positives Feedback der Experten hinsichtlich der Art und dem Inhalt der Fragen. Diese subjektive Meinung der Experten kann als ein Indiz angenommen werden, dass das Messinstrument an die Zielgruppe angepasst ist. Damit wird ebenfalls gezeigt, dass der Forscher sich ausreichend mit dem Forschungsgegenstand auseinandergesetzt hat und sich das Wissen in den Fragen wiedergespielt. Diese Reflexion ist relevant, da bei einem leitfadengestützten Interview der Forscher den Forschungsgegenstand kennen muss, um die Auswertung der Befragung durchführen zu können.[119]

3.3 Beschreibung der Auswertungs- und Analysemethode

Nachfolgend werden die Auswertungs- und die Analysemethoden beschrieben. In der Auswertungsmethode werden die aufgezeichneten Interviews transkribiert und anschließend inhaltsanalytisch ausgewertet. Die Ergebnisse der Auswertung werden in Verdichtungsprotokolle übertragen, in denen die Aussagen der Subkategorien zu Fragenkomplexen zugeordnet werden. In den darauffolgenden Einzelanalysen werden die Fragenkomplexe zu den spezifischen Dimensionen Vision, Stärken und Flow je Forschungshorizont (Status Quo und Perspektive) zusammengefasst. Anschließend wird eine Gesamtanalyse erstellt, in der die Ergebnisse der Bereiche Vision, Stärken und Flow zu dem Gesamtkonstrukt Positive Leadership rekonstruiert werden (siehe Abbildung 8).

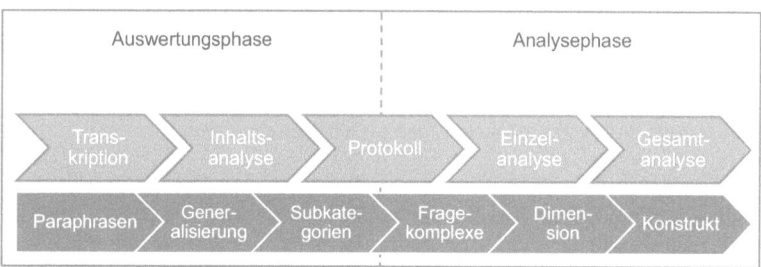

Abbildung 8: Darstellung der Auswertungs- und Analysephase[120]

---

[119] Vgl. ebd., S. 54.
[120] Eigene Darstellung

3.3.1 Darstellung der Auswertungsmethode

3.3.1.1 Transkription

Die fünf auditiv aufgezeichneten Interviews werden vollständig paraphrasiert. Der Zeitaufwand der Selektion der Interviewpartner, die Terminvereinbarung, die Durchführung der Interviews sowie die Transkription der Interviews nahm ca. 70 Stunden in Anspruch. Der gesamte Umfang der transkribierten Interviews beträgt 86 Seiten, die aufgrund der Datenschutzerklärung der Interviewpartner nur auszugsweise und anonymisiert in der wissenschaftlichen Arbeit dargestellt werden.

3.3.1.2 Inhaltsanalyse

Die Auswertung der Daten erfolgt in Anlehnung an das Stufenmodell der qualitativen strukturierenden Inhaltsanalyse von KUCKARZT. Demzufolge umfasst der Analyseprozess die folgenden drei Schritte:

4. Initiierende Textarbeit
5. Kodierung des Textes anhand der gebildeten Subkategorien
6. Erstellung eines Verdichtungsprotokolls[121]

3.3.1.2.1 Initiierende Textarbeit

Das Ziel der initiierenden Textarbeit ist, sich mit dem Interviewtext zu befassen und die zwei Forschungsfragen daran zu reflektieren. Demzufolge werden alle Abschnitte, die keinen Bezug zu den Themenfeldern Vision, Stärken und Flow aufweisen, gestrichen.

3.3.1.2.2 Kodierung des Textes anhand der gebildeten Subkategorien

Die Paraphrasen des Interviews werden entlang einem entwickelten Kodierleitfaden zu Subkategorien zugeordnet. Der gesamte Kodierleitfaden ist in Anhang (E) in Tabelle 37 dargestellt.

Der Kodierungsprozess wird manuell durch den Forscher durchgeführt. Dabei werden Sätze und Sinneinheiten relevanter Textinhalte zu den Subkategorien (K_1-K_{27}) zugeordnet. Sofern eine Textstelle keiner Subkategorie eindeutig zugeordnet werden kann und dennoch Informationen zu einer der drei Dimensionen

---

[121] Vgl. Kuckartz, U.: 2014, S. 55.

beinhaltet, wird eine neue Subkategorie erstellt. Diese wird mit einer fortlaufenden Subkategorienummer „K_{27+n}" gekennzeichnet.

Im Rahmen des zirkulären Vorgehens ist es möglich, das Kategoriensystem zu überarbeiten. Dies hat den Vorteil, dass die bestehenden Subkategorien um neue, induktiv erstellte Subkategorien ergänzt oder bestehende Subkategorien umformuliert werden. Während der Textanalyse werden drei weitere Subkategorien in den Kodierleitfaden aufgenommen. Bei den drei Subkategorien handelt es sich um das Entwicklungspotenzial im Bereich der Stärkenoptimierung („K_{28}: Entwicklungspotenzial"), die organisationalen Herausforderungen bei der Dimension Vision („K_{29}: Herausforderungen") sowie die möglichen Bedenken eines Flow-Zustandes („K_{30}: Risiken"). Ebenso werden während der Auswertung des ersten Interviews die Ankerbeispiele in den Kodierleitfaden übernommen.

Die Erstellung des Kodierleitfadens erfolgte in Anlehnung an das definierte Operationalisierungsmodell (siehe Kapitel 3.2.1) Dementsprechend wurden die Subkategorien deduktiv auf Basis der Indikatoren erstellt.

3.3.1.2.3 Erstellung eines Verdichtungsprotokolls

Unter Verwendung der kodierten Textstellen werden generalisierende Aussagen entwickelt. Diese sind in drei Verdichtungsprotokollen für die Dimensionen Vision, Stärke und Flow zusammenfassend dargestellt. Anhand eines Beispiels wird in Tabelle 14 der Aufbau des Verdichtungsprotokoll aufgegriffen und nachfolgend erläutert.

FKx	Zeile	Paraphrase	Generalisierung	K_x
FK1	26	„...Flexibilität im Führungsstil, [...] individueller [...] nicht-hierarchische(s) Führen..."	• Eigenschaften Führungsstil: flexibel, individuell, nicht-hierarchisch	K_9

Tabelle 14: Ausschnitt aus dem Verdichtungsprotokoll[122]

Die erläuterte Paraphrase befindet sich im Transkriptionsprotokoll der Führungskraft 1 (FK1) in der Zeile 26. Aus dem Textabschnitt wird der Kerninhalt in die Generalisierung „Eigenschaften Führungsstil: flexibel, individuell, nicht-hierarchisch" umgeformt. Diese Generalisierung ist der Subkategorie K_9 zugeordnet. Die drei Verdichtungsprotokolle sind in Anhang (F) in Tabelle 38, Tabelle 39 und Tabelle 40 dargestellt.

---

[122] Eigene Darstellung

3.3.2 Beschreibung der Analysemethode

Der Prozess der Analysemethode gliedert sich in drei Schritte. Zunächst werden die Ergebnisse aus den drei Verdichtungsprotokollen in sechs Einzelanalysen (Matrix 1-6) überführt. Anschließend werden, unter Verwendung der generalisierenden Aussagen und der Darstellung einer Erfüllungsquote, die Fragenkomplexe beantwortet. Das Analyseschema ist in Abbildung 9 grafisch dargestellt und wird im weiteren Verlauf ausführlich beschrieben.

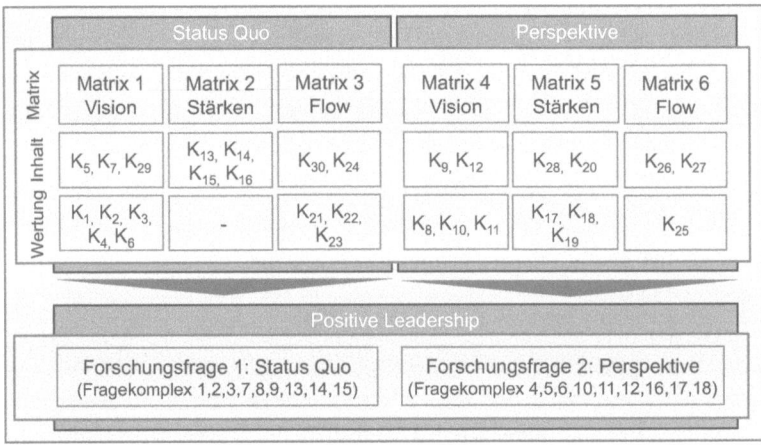

Abbildung 9: Analysemethode zur Beantwortung der zwei Forschungsfragen[123]

Die Einzelanalysen werden in Form einer Profilmatrix dargestellt, die als Themenmatrix konzipiert ist. Damit stellen die Subkategorien die verschiedenen Themenfelder dar.

Jede Profilmatrix spiegelt die Ergebnisse einer Dimension (Vision, Stärke und Flow) für jeweils den Zeithorizont Status Quo und der Perspektive wider. In der Zeile der Matrix werden alle generalisierenden Aussagen der jeweiligen Subkategorie (K_1-K_{30}) dargestellt, die die Interviewpartner (FK1-FK5) gegeben haben. In den Spalten erfolgt eine personenspezifische Ansicht. Zur Illustration ist der exemplarische Aufbau der Profilmatrix ist in Tabelle 15 dargestellt.

---

[123] Eigene Darstellung

	FK1	FK1+n	FK5	Themen-zentriert
K_1	Inhalt von FK1 zu Thema K_1	Inhalt von FK1+n zu Thema K_1	Inhalt von FK5 zu Thema K_1	Übersicht zu Thema K_1
K_{1+n}	Inhalt von FK1 zu Thema K_{1+n}	Inhalt von FK1+n zu Thema K_{1+n}	Inhalt von FK5 zu Thema K_{1+n}	Übersicht zu Thema K_{1+n}
K_{30}	Inhalt von FK1 zu Thema K_{30}	Inhalt von FK1+n zu Thema K_{30}	Inhalt von FK5 zu Thema K_{30}	Übersicht zu Thema K_{30}
Personen-zentriert	Übersicht zu Führungskraft FK1	Übersicht zu Führungskraft FK1+n	Übersicht zu Führungskraft FK5	-

Tabelle 15: Exemplarischer Aufbau einer Profilmatrix[124]

Für die Beantwortung der Fragenkomplexe werden zwei Arten von Subkategorien herangezogen. Diese werden in Inhalts- und Wertungskategorien unterschieden. Die Inhaltskategorien beinhalten konkrete Ansätze und Maßnahmen der drei Dimensionen Vision, Stärken und Flow und beantworten die Fragenkomplexe inhaltlich.

Entsprechend geht aus dem Bereich Status Quo hervor, welche Maßnahmen des Positive Leadership bereits umgesetzt werden. Aus der perspektivischen Betrachtung wird ersichtlich, welche notwendigen Maßnahmen zum Ausbau des Positive Leadership notwendig sind.

Die Wertungskategorien stellen, neben dem Inhalt, den Erfüllungsgrad des jeweiligen Fragenkomplexes dar. Der optimale Zustand (Referenzwert) lässt sich durch die Erfüllung aller Wirkungsvoraussetzungen der Themenfelder definieren, die im Rahmen der Operationalisierung dargestellt werden (siehe Kapitel 3.2.1).

Entsprechend wird im Bereich der Perspektive des Führungsansatzes von einem optimalen Zustand gesprochen, wenn alle Bedingungen erfüllt sind, die dazu beitragen, die Entwicklung des Positive Leadership-Ansatzes weiter auszubauen. Wiederum für den Status Quo ist der optimale Zustand erreicht, wenn die Wirkungsvoraussetzungen der Bestandsaufnahme von Positive Leadership erfüllt sind.

---

[124] Eigene Darstellung

Gemäß einem definierten Punktesystem, werden den Antwortmöglichkeiten „ja", „nein", und „teils/teils" der geschlossenen Fragen verschiedene Gewichtungsfaktoren zugewiesen werden. Die geschlossenen Fragen sind bewusst so formuliert, dass die Antwort „ja" die Wirkungsvoraussetzung der jeweiligen Dimension erfüllt, die Antwort „teils/teils" die Wirkungsvoraussetzung teilweise erfüllt und die Antwort „nein" die Wirkungsvoraussetzung nicht erfüllt. Demzufolge werden bei einer „ja"-Antwort der jeweiligen Subkategorie drei Punkte zugewiesen. Bei einer „teils/teils"-Antwort erfolgt die Zuweisung von zwei Punkten und bei einer „nein"-Antwort werden null Punkte der Subkategorie zugeordnet. Die maximale Punkteanzahl unterscheidet sich in den sechs Matrizen, die aufgrund der unterschiedlichen Anzahl an Subkategorien resultiert.

Je höher die Gesamtpunktezahl pro Subkategorie (Zeile) und pro Person (Spalte), desto optimaler werden die Bereiche Vision, Stärken und Flow in der aktuellen Situation (Status Quo) umgesetzt und desto besser sind die Chancen, Positive Leadership zukünftig (Perspektive) ausbauen zu können. Zur Erläuterung wird in Tabelle 16 ein Ausschnitt aus der Matrix der Dimension Vision des Status Quo aufgezeigt. Anhand der Subkategorie „K_1: Führungsstil" wird die tabellarische Zusammenfassung und die Punkteverteilung der Wertungskategorien erläutert.

Subkategorie	FK1	FK2	FK3	FK4	FK5	TW (IST)	TW (SOLL)
K_1: Führungsstil	3	5	5	5	5	23	30
K_{1+n}	...	...	...	...	...	...	...
PW (IST) $\sum K_{1-6}$	15	15	15	15	15	75	-
PW (SOLL) K_{1-6}	18	18	18	18	18	90	-

Tabelle 16: Ausschnitt aus der Einzelanalyse der Dimension Vision Status Quo[125]

Die Ermittlung der Punkteanzahl einer Subkategorie erfolgt durch die Summenbildung der Zeilenwerte. Damit ergibt sich ein Themenwert „TW (IST)". Demgegenüber wird der Referenzwert „TW (SOLL)" gestellt. Dieser gibt die maximal mögliche Punktezahl der jeweiligen Subkategorie an. Entsprechend dem dargestellten

---

[125] Eigene Darstellung

Beispiel ergibt sich für die Kategorie K_1 ein „TW (IST)" von 23 und ein „TW (SOLL)" von 30.

In der gleichen Vorgehensweise werden die personenbezogenen Werte „PW (IST)" und „PW (SOLL)" durch die Summenbildung der Spalten gebildet. Dementsprechend kommt die Führungskraft bei der Matrix „Vision Status Quo" auf einen „PW (IST)" von 15. Der „PW (SOLL)" beträgt 18.

Bei allen Wertungskategorien, außer der Kategorie K_1, erfolgt eine Punkteverteilung gemäß dem beschriebenen Gewichtungsverfahren. Bei der Kategorie K_1 wird nach der persönlichen Einstufung des Führungsstiles auf einer Skala von ein bis sechs gefragt. Die Punktzahl sechs stellt dabei die demokratische Form und die Punktzahl eins die autoritäre Form des Führungsstils dar. Die Darstellung der Punktermittlung der Subkategorien bildet die Grundlage, um die verschiedenen Fragenkomplexe vergleichen zu können. Durch die Gegenüberstellung der tatsächlichen und der maximal zu erreichenden Punktezahl der Subkategorien, lässt sich eine sogenannte Erfüllungsquote (EQ) errechnen. Diese zeigt den Erfüllungsgrad der Wirkungsvoraussetzungen von Positive Leadership an.

Zur Ermittlung der Erfüllungsquoten der Fragenkomplexe, wird der Mittelwert der Quote der zugehörigen Subkategorien berechnet. Ist die Erfüllungsquote $\geq 75\,\%$, werden die Wirkungsvoraussetzungen des Fragenkomplexes erfüllt. Bei einer Erfüllungsquote von $< 75\,\%$ werden die Wirkungsvoraussetzungen der Fragenkomplexe nicht erfüllt. Durch die Darstellung dieser Quote als relativen Mittelwert ist eine Vergleichbarkeit zwischen den Fragenkomplexen und Forschungsfragen trotz unterschiedlicher Punkteanzahl möglich.

3.4 Zusammenfassung relevanter Erkenntnisse

Es lässt sich konstatieren, dass alle relevanten Ergebnisse mit dem Erhebungsinstrument erfasst wurden und die Auswertung- und Analysemethode umfassend beschrieben wurde. Damit ist die Grundlage zur Durchführung der Ergebnisdarstellung geschaffen.

4 Darstellung der Ergebnisse

Die empirischen Ergebnisse werden in einer Einzel- und Gesamtanalyse dargestellt und beschrieben.

4.1 Darstellung der Einzelanalyse

Im Folgenden werden die Ergebnisse der sechs Profilmatrizen verdichtet dargestellt. Demnach werden die Erfüllungsquoten der Fragenkomplexe sowie drei relevante Aussagen der Inhaltskategorien dargestellt. Als relevant werden die Aussagen gewertet, die gemäß der theoretischen Definition der drei Dimensionen zur Optimierung von Positive Leadership beitragen.

4.1.1 Dimension Vision (Status Quo)

Zunächst werden die Ergebnisse der Matrix 1 ausgewertet. Anschließend werden die drei Fragenkomplexe beantwortet, die sich auf die Dimension Vision mit dem zeitlichen Horizont Status Quo beziehen. Die Einbettung der drei Themenbereiche (Fragenkomplex 1-3) ist in Abbildung 10 dargestellt.

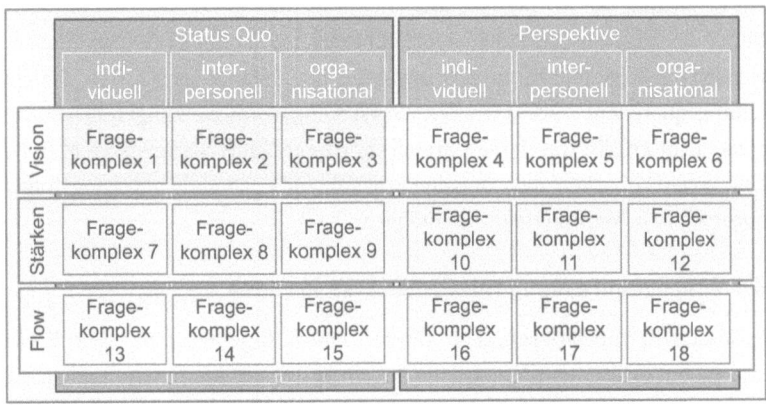

Abbildung 10: Darstellung der Matrix 1 im gesamten Forschungsmodell[126]

---

[126] Eigene Darstellung

4.1.1.1 Bestandsaufnahme visionäre Führungskraft

4.1.1.1.1 Wertungskategorien

Die maximal mögliche Punktezahl im Bereich der Vision beträgt 90. Durch die Beantwortung der Interviewfragen wird eine Punktezahl von 76 erreicht. Somit werden mehr als 80 % der Wirkungsvoraussetzungen im Bereich der visionären Führung zur aktuellen Ausübung des Positive Leadership erreicht.

Auf individueller Ebene beträgt die Gesamtpunktezahl 51. Damit werden 85 % der Wirkungsvoraussetzungen der aktuellen Ausübung eines visionären Führungsstils erfüllt. Bei Kategorie K_1, die den Führungsstil der Interviewpartner aufzeigt, beschreibt ein Kontinuum eines Führungsstils. Die Summe der Personenwerte beträgt 23 von maximal 30 Punkten. Damit zeigt sich, dass alle Interviewpartner nahe an einem demokratischen Führungsstil sind. In der Feinstruktur lässt sich erkennen, dass vier von fünf Führungskräften ihren Führungsstil mit der Punktezahl von fünf bewertet haben.

Als weitere Wirkungsvoraussetzung eines visionären Führungsansatzes gilt das Vorhandensein einer beruflichen Vision (K_2). Es zeigt sich, dass alle Interviewpartner eine berufliche Vision haben und damit die Wertungskategorie 100 % (15 Punkte) Erfüllungsgrad aufweist. Bei der Kenntnis der Unternehmensvision (K_3) hingegen, können drei von fünf Führungskräfte die genaue Unternehmensvision nennen. Die anderen zwei Befragten können Bestandteile der Vision wiedergeben. Es zeigt sich, dass die Führungskraft 4 und Führungskraft 5 gleichviele Punkte auf individueller Ebene erreicht haben. Führungskraft 3 und Führungskraft 2 liegen mit einem Punkt weniger auf Platz 2. Führungskraft 1 schließt mit der geringsten Punkteanzahl (9 Punkte) die Einzelbetrachtung auf individueller Ebene ab.

4.1.1.2 Bestandsaufnahme visionäres Team

4.1.1.2.1 Wertungskategorien

Auf Teamebene werden bei der maximal möglichen Punktezahl von 15, 13 Punkte erreicht. Damit zeigt sich, dass 2/3 der Führungskräfte angeben, dass ihre direkten Mitarbeiter die Unternehmensvision kennen. Mit knapp 87 % ist damit die Wirkungsvoraussetzung einer visionären Führung (K_4) gegeben.

4.1.1.2.2 Inhaltskategorien

Zwei von fünf Führungskräften nennen aktuelle Maßnahmen (K_5), die bereits im Rahmen einer visionären Teamführung umgesetzt werden. Führungskraft 1 erläutert dabei, dass die Unternehmensvision im eigenen Team auf eine Teamvision heruntergebrochen wurde. Führungskraft 3 setzt eine ähnliche Maßnahme im eigenen Team um. Dabei handelt es sich um einen Workshop, bei dem eine Teamvision sowie konkrete Handlungen aus der Unternehmensvision abgeleitet wurden. Die anderen drei Führungskräfte nennen keine konkreten Maßnahmen. Das Ergebnis zeigt, dass 40 % der Befragten aktuelle Maßnahmen im eigenen Team im Bereich der visionären Führung umsetzen.

4.1.1.3 Bestandsaufnahme visionäre Organisation

4.1.1.3.1 Wertungskategorien

Bei der Frage, ob die Interviewpartner an die Wirkung der visionären Führung glauben, haben alle Führungskräfte mit „ja" gestimmt. Damit erreicht die Kategorie der Wirkung (K_6) eine maximale Punktezahl von 15, was einem Erfüllungsgrad von 100 % entspricht.

4.1.1.3.2 Inhaltskategorien

Es wurden keine Maßnahmen zur Förderung einer visionären Organisation (K_7) aufgezeigt. Der neu hinzugefügten Kategorie (K_{29}), welche die aktuellen Herausforderungen zu einer visionären Organisation widerspiegelt, lassen sich hingegen weitere Sichtweisen der Befragten zuordnen. Beispielsweise geben alle fünf Interviewpartner an, dass das „Know-Why" im Unternehmen verloren gegangen ist. Ebenso wird die Erhöhung der Dynamik und Flexibilität in der Organisationskultur sowie der Führungsmentalität als Herausforderung beschrieben. Als weitere Schwierigkeit wird genannt, dass eine Unternehmensvision greifbar und für jeden Mitarbeiter ansprechend formuliert sein muss, damit diese im Sinne des Positive Leadership eine förderliche Wirkung entfalten.

Die Zusammenfassung der Wertungs- und Inhaltkategorien zur Beantwortung der Fragenkomplexe 1-3 (FKo 1-3) ist in Tabelle 17 dargestellt.

FKo	Wertungskategorien		
	TW (SOLL)	TW (SOLL)	EQ (in %)
1	60	48	80
2	15	13	87
3	15	15	100
1-3	90	76	89
	Inhaltskategorien		
FKo	Maßnahmen	Herausforderungen	
1			
2	• Unternehmensvision wird auf Teamebene übersetzt und eine Teamvision definiert		
3		• Verlust des „Know-Why" • Erhöhung der Dynamik und Flexibilität in der Organisationskultur und Führungsmentalität • Greifbare und für jeden Mitarbeiter verständliche Formulierung der Unternehmensvision	

Tabelle 17: Zusammenfassung der Ergebnisse der Fragenkomplexe 1-3[127]

Demnach lässt sich der Fragenkomplex 1 insofern beantworten, als dass jede Führungskraft eine Vision hat und diese sich auch in der Unternehmensvision widerspiegelt. Ebenso üben vier von fünf Führungskräften einen demokratischen Führungsstil aus. Damit sind die Wirkungsvoraussetzungen für eine visionäre Führungskraft mit 80 % erfüllt.

Da die Führungskräfte fast umfänglich angeben, dass ihre Mitarbeiter die Unternehmensvision kennen, lässt sich der Bereiche Bestandsaufnahme visionäres Team (Fragekomplex 2) mit einer Erfüllungsquote von 90 % darstellen. Die Wirkungsvoraussetzungen für ein visionäres Team sind damit erfüllt. Gemäß den Aussagen der

---

[127] Eigene Darstellung

Führungskräfte kann der visionäre Führungsstil in der aktuellen Organisation Wirkung entfalten. Damit werden die Voraussetzungen des Fragenkomplex 3 mit einer 100 %-Quote erfüllt.

In der Gesamtbetrachtung des Status Quo der Dimension Vision lässt sich eine Erfüllungsquote von 89 % aufweisen.

4.1.2 Dimension Stärken (Status Quo)

In diesem Abschnitt werden die Ergebnisse der Einzelanalyse Dimension Stärken Status Quo ausgewertet. Die Zuordnung der Themenbereiche (Fragenkomplex 7-9) zu der Matrix 2 ist in Abbildung 11 aufgeführt.

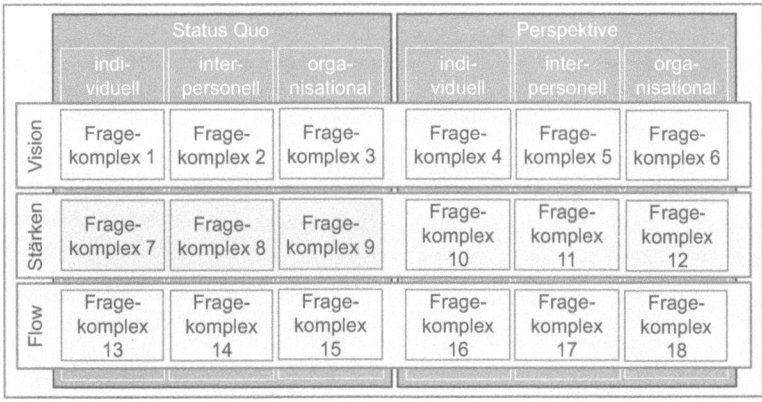

Abbildung 11: Darstellung der Matrix 2 im gesamten Forschungsmodell[128]

Im Bereich der Bestandsaufnahme der Stärken werden nur die Wertungskategorien herangezogen, da die aktuellen Voraussetzungen einer stärkenorientierten Unternehmenskultur überprüft werden sollen.

4.1.2.1 Bestandsaufnahme stärkenorientierte Führungskraft

4.1.2.1.1 Wertungskategorien

Drei von fünf Führungskräfte geben an, ihre eigenen Stärken zu kennen („K_{13}: Bekanntheit der eigenen Stärken der Führungskraft"). Eine Führungskraft kann keine ihrer Stärken nennen und eine weitere Führungskraft gibt an, ihre Stärken grob zu kennen. Der Einsatz der eigenen Stärken (K_{14}) wird von drei Führungskräften

---

[128] Eigene Darstellung

bestätigt. Die weiteren beiden Führungskräfte geben an, am aktuellen Arbeitsplatz ihre Stärken teilweise einzubringen. Die Voraussetzung einer stärkenorientierten Führungskraft ist damit mit 80 % erfüllt.

4.1.2.2 Bestandsaufnahme stärkenorientiertes Team

4.1.2.2.1 Wertungskategorien

Auf dieser Ebene wird erfasst, ob die Führungskräfte die wichtigsten Stärken ihrer Mitarbeiter kennen und damit die weitere Wirkungsvoraussetzung der stärkenorientierten Unternehmenskultur erfüllt wird. Drei der Befragten geben an, über die Stärken ihrer Mitarbeiter (K_{15}) genau Bescheid zu wissen. Eine Führungskraft beantwortet die Frage negativ und eine Führungskraft trifft die Aussage, die Stärken der Mitarbeiter teilweise zu kennen. Mit knapp 67 % werden die Wirkungsvoraussetzungen der stärkenorientierten Teamkultur nicht erfüllt.

4.1.2.3 Bestandsaufnahme stärkenorientierte Organisation

4.1.2.3.1 Wertungskategorien

In diesem Abschnitt wird ermittelt, ob ausreichend Möglichkeiten in der Organisation vorhanden sind, um die Mitarbeiter stärkenorientiert zu entwickeln (K_{16}). Besonders hervorzuheben ist, dass vier von fünf Führungskräften bestätigen, dass im Unternehmen keine geeigneten Entwicklungsmaßnahmen zur Stärkenentwicklung vorhanden sind. Demnach lässt sich die Voraussetzung zur Entwicklung einer stärkenorientierten Organisation mit 53 % nicht erfüllen. Die Ergebnisse sind in Tabelle 18 dargestellt.

FKo	Wertungskategorien		
	TW (SOLL)	TW (IST)	EQ (in %)
7	30	24	80
8	15	10	67
9	15	2	13
7-9	**60**	**36**	**53**

Tabelle 18: Zusammenfassung der Ergebnisse der Fragenkomplexe 7-9[129]

---

[129] Eigene Darstellung

Fragenkomplex 4 lässt sich mit einer Erfüllungsquote von 80 % beantworten, da ein Großteil der Führungskräfte die eigenen Stärken kennt. Der Fragenkomplex 5 weist eine Erfüllungsquote von 67 % auf und zeigt damit, dass dieser Anteil an Führungskräften die wichtigsten Stärken ihrer Mitarbeiter kennt. Mit einer Erfüllungsquote von 13 % schließt der Fragenkomplex 6 ab. Hierdurch wird bestätigt, dass unzureichend Weiterbildungsmöglichkeiten zur Stärkenoptimierung vorhanden sind. Ebenso weist das Ergebnis auf, dass 60 % der Wirkungsvoraussetzungen für eine stärkenorientierte Unternehmenskultur erreicht werden und damit die zukünftige Betrachtung der Dimension Stärken nicht erfüllt sind.

4.1.3 Dimension Flow (Status Quo)

In diesem Abschnitt wird die Matrix 3 ausgewertet, welche die Forschungskomplexe 13-15 beinhaltet (siehe Abbildung 12) und den Status Quo der Dimension Flow darstellt.

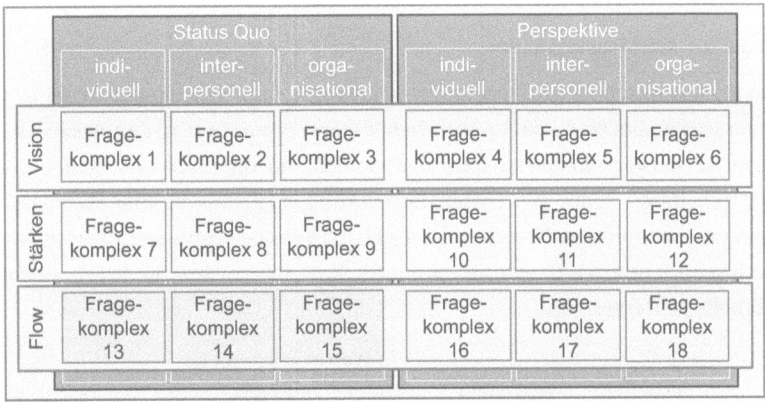

Abbildung 12: Darstellung der Matrix 3 im gesamten Forschungsmodell[130]

4.1.3.1 Bestandsaufnahme engagierte Führungskraft

4.1.3.1.1 Wertungskategorien

Alle fünf Führungskräfte gaben an, dass diese über den Flow-Zustand Bescheid wissen. Demnach lässt sich die Wertungskategorie K_{21} mit einer Wirkungsvoraussetzung von 100 % erfüllen. Die Kategorie K_{22} zeigt, dass die zweite Wirkungsvoraussetzung des Flow-Zustandes mit 87 % erfüllt wird. Entsprechend vertreten zwei

---

[130] Eigene Darstellung

von fünf Führungskräften die Meinung der förderlichen Wirkung des Flow-Zustandes.

4.1.3.1.2 Inhaltskategorien

Die Inhaltskategorie K_{30} gibt an, dass eine Führungskraft hinsichtlich eines zu häufigen Eintretens des Flow-Zustandes das Risiko sieht, dass nach dem Erleben des Flow-Zustandes die Gefahr der körperlichen und psychologischen Erschöpfung eintritt. Die drei Betrachtungen führen zu einer Wirkungsvoraussetzung der Dimension Flow von 93 %.

4.1.3.2 Bestandsaufnahme engagiertes Team

4.1.3.2.1 Wertungskategorien

Auf interpersoneller Ebene wird die Wirkungsvoraussetzung für ein engagiertes Team (K_{23}) zu 80 % erfüllt, da drei der fünf Befragten teilweise für eine aktive Flow-Umgebung des eigenen Teams sorgen.

4.1.3.2.2 Inhaltskategorien

Die Inhaltskategorien enthalten nur eine Wertungskategorie, da aus der wissenschaftlichen Literaturanalyse hervorgeht, dass die Nutzung des Flow-Zustandes auf Teamebene noch kaum bewusst eingesetzt wird. Daher wird davon ausgegangen, dass noch keine Referenzbeispiele genannt werden können.

4.1.3.3 Bestandsaufnahme engagierte Organisation

4.1.3.3.1 Wertungskategorie

Für die Wertungskategorie wird keine gesonderte Subkategorie dargestellt. Der Gewichtungsfaktor zur Beantwortung des Fragenkomplexes 15 wird aus der Inhaltskategorie K_{24} abgeleitet. Wird eine konkrete Maßnahme je Führungskraft zur Förderung des Flow-Erlebnisses in der Organisation genannt, werden zwei Punkte verteilt. Bei einer Mehrfachnennung sind drei Punkte und bei keiner Nennung einer Maßnahme null Punkte notiert worden. Die Erfüllungsquote beläuft sich in Summe auf 60 %.

4.1.3.3.2 Inhaltskategorien

Vier von fünf Führungskräften nennen mindestens eine Maßnahme, die zur Erzeugung von Flow-Zuständen in der Organisation beitragen. Als konkrete Maßnahmen wird die bewusste Schaffung von störungsfreien Zeiten, die Führungsrolle als Coach und „Rü-ckendecker" zur Generierung von Flow-Zuständen sowie die

Umstellung von Telefonen genannt. Die Übersicht der Wertungs- und Inhaltskategorien ist in Tabelle 19 dargestellt.

FKo	Wertungskategorien		
	TW (SOLL)	TW (SOLL)	EQ (in %)
13	30	28	93
14	15	12	80
15	15	9	60
13-14	60	49	78
	Inhaltskategorien		
FKo	Maßnahmen		Herausforderungen
13			• Gefahr von physiologischen und psychologischen Effekte nach Flow-Zustand
14			
15	• Bewusste Schaffung von störungsfreien Zeiten • Führungsrolle als Coach und Rückendecker zur Generierung von Flow-Zuständen einnehmen • Telefon umstellen		

Tabelle 19: Zusammenfassung der Ergebnisse der Fragenkomplexe 13-15[131]

Die Darstellung zeigt, dass sich die Wirkungsvoraussetzung des Fragenkomplex 13 mit 93 % erfüllt wird. Im Rahmen des Fragenkomplexes 14 sind geeignete Rahmenbedingungen für ein engagiertes Team mit 80 % erfüllt. Bei dem Fragenkomplex 15, der die Bestandsaufnahme des engagierten Teams aufzeigt, ergibt sich eine Erfüllungsquote von 60 %. In der Gesamtbetrachtung des Status Quo der Dimension Flow wird eine Erfüllungsquote von 78 % erreicht.

---

[131] Eigene Darstellung

4.1.4 Dimension Vision (Perspektive)

Nach der Untersuchung der Vision im Hinblick auf die aktuelle Situation, wird im folgenden Abschnitt die Dimension Vision vor dem Hintergrund der Perspektive beschrieben (siehe Abbildung 13).

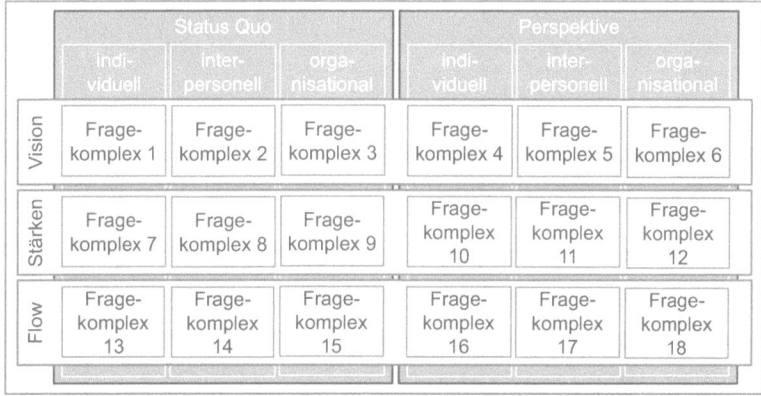

Abbildung 13: Darstellung der Matrix 4 im gesamten Forschungsmodell[132]

4.1.4.1 Entwicklung zur visionären Führungskraft

4.1.4.1.1 Wertungskategorien

An der Kategorie K_8 resultiert, dass 100 % der befragten Führungskräfte die Bewusstheit über die intrinsische Motivation von Menschen haben.

4.1.4.1.2 Inhaltskategorien

Zu der Kategorie K_9 werden Entwicklungspotenziale zu einer visionären Führungskraft genannt. Dabei zeigt sich, dass alle Führungskräfte einen Führungsstil mit ähnlichen Adjektiven beschreiben. Mehr Zeit für die eigentliche Führungsaufgabe zu haben, die Authentizität in der Unternehmenskultur durch eine ehrliche Kommunikation der gemeinsamen Vision auszubauen sowie den Anstoß und Austausch über Positive Leadership zu fördern, werden als weitere wichtige Entwicklungsfaktoren aufgeführt.

---

[132] Eigene Darstellung

4.1.4.2 Entwicklung zum visionären Team

4.1.4.2.1 Wertungskategorien

Auf interpersoneller Ebene lässt sich die Bewusstheit über die intrinsische Motivation (K_{10}) von allen Befragten mit einer Erfüllungsquote von 100 % bestätigen. Die Kenntnis über die Mitarbeitervision (K_{11}) lässt sich hingegen mit 67 % darstellen. Auf personeller Ebene lassen sich die Wirkungsvoraussetzungen mit 83 % zusammenfassen.

4.1.4.2.2 Inhaltskategorien

Da sich die Nennungen der Maßnahmen auf Team- und Organisationsebene wiederholen, werden alle Maßnahmen, die zur förderlichen Wirkungen eines visionären Teams und einer visionären Organisation beitragen, unter der Kategorie K_{12} dargestellt. Dementsprechend werden an dieser Stelle keine gesonderten Maßnahmen ausgewiesen.

4.1.4.3 Entwicklung zur visionären Organisation

4.1.4.3.1 Wertungskategorien

Da es hierbei keinen Wertungsfaktor gibt, erfolgt die Gewichtung auf Basis der Inhaltskategorie K_{12}. Bei der Mehrfachnennung von Maßnahmen werden zwei Punkte vergeben. Bei der Nennung von einer Maßnahme erfolgt die Zuteilung von zwei Punkten und bei dem Ausbleiben der Nennung einer Maßnahme werden keine Punkte zugewiesen. Demnach lässt sich dieser Abschnitt mit 14 von insgesamt 15 Punkten und erreicht damit einen Erfüllungsgrad von 93 %.

4.1.4.3.2 Inhaltskategorien

Als zukünftige Maßnahmen zum Erreichen einer visionären Organisation (K_{12}) wird aufgezeigt, dass eine klare, bidirektionale Kommunikation zwischen allen Führungsebenen notwendig ist. Ebenso werden ein Coaching der Führungskräfte sowie die Schaffung einer internen und externen Austauschplattform für Führungskräfte zum Thema nachhaltige Führung als notwendige Maßnahmen definiert. Die Ergebnisse der Kategorien werden in Tabelle 20 zusammenfassend dargestellt.

FKo	Wertungskategorien		
	TW (SOLL)	TW (SOLL)	EQ (in %)
4	15	15	100
5	30	25	83
6	15	14	93
5-6	60	54	92

FKo	Inhaltskategorien	
	Maßnahmen	Herausforderungen
4		• Erhöhung der Zeit für die eigentliche Führungsaufgabe • Aufbau von Authentizität in der Unternehmenskultur durch eine ehrliche Kommunikation der gemeinsamen Vision • Förderung des Anstoßes und Austausch über Positive Leadership
5		
6	• Klare, bidirektionale Kommunikation zwischen allen Führungsebenen • Coaching der Führungskräfte • internen und externen Austauschplattform für Führungskräfte zum Thema innovative Führung	

Tabelle 20: Zusammenfassung der Ergebnisse der Fragenkomplexe 4-6[133]

Dementsprechend lässt sich der Fragenkomplex 4 mit einer Erfüllungsquote von 100 % beantworten. Dies sagt aus, dass die Führungskräfte an die intrinsische Motivation einer Vision glauben.

Drei von fünf Führungskräften kennen die Vision ihrer Mitarbeiter. Somit ist die Voraussetzung zur Ausübung eines visionären Führungsstils nicht umfassend erfüllt. Der Fragenkomplex 5 lässt sich daher mit einer Erfüllungsquote von 83 % beantworten. Fragenkomplex 6 weist eine Erfüllungsquote von 93 % durch die Mehrfachnennung konkreter Maßnahmen zur Entwicklung einer visionären

---

[133] Eigene Darstellung

Organisation auf. Die Dimension Vision in der perspektivischen Betrachtung kann in Summe mit einer Erfüllungsquote von 92 % dargestellt werden.

4.1.5 Dimension Stärken (Perspektive)

Anknüpfend erfolgt die Beschreibung der Ergebnisse der Matrix 5 (siehe Abbildung 14).

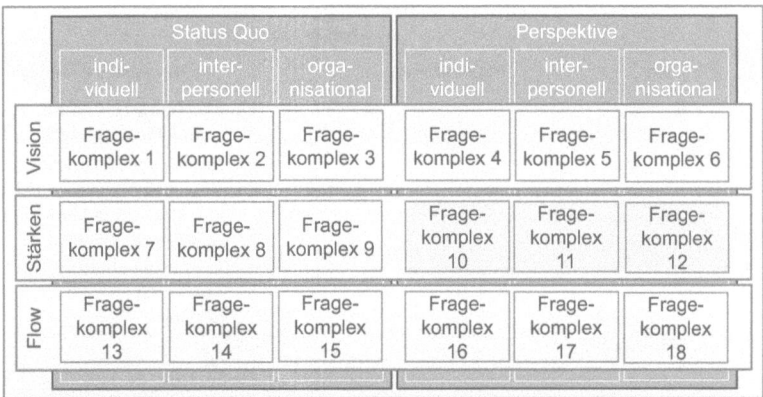

Abbildung 14: Darstellung der Matrix 5 im gesamten Forschungsmodell

4.1.5.1 Entwicklung zur stärkenorientierten Führungskraft

4.1.5.1.1 Wertungskategorien

Die Wertungskategorie K_{17}, die die Bereitschaft der Optimierung des Stärkeneinsatzes auf individueller Ebene anzeigt, ergibt eine Erfüllungsquote von 100 %. Die zweite Wirkungsvoraussetzung, die den Einsatz der eigenen Stärken (K_{18}) in der aktuellen Funktion widerspiegelt, beträgt 93 %. Damit lässt sich eine Erfüllungsquote von 97 % beziffern.

4.1.5.1.2 Inhaltskategorien

Zur Beantwortung des Fragenkomplexes 10 werden die Wirkungsvoraussetzungen zur Entwicklung einer stärkenorientierten Führungskraft benötigt. Daher wird auf Inhaltskategorien verzichtet.

4.1.5.2 Entwicklung zum stärkenorientierten Team

4.1.5.2.1 Wertungskategorien

Die Kategorie K_{19} stellt dar, wie viele Führungskräfte von der förderlichen Wirkung von stärkenorientierten Teams überzeugt sind. Dabei stimmen alle Befragten für die förderliche Wirkung. Dies entspricht einer Erfüllungsquote von 100 %.

4.1.5.2.2 Inhaltskategorien

Die Kategorie K_{28} stellt das notwendige Entwicklungspotenzial auf interpersoneller Ebene dar. Dabei sind sich drei der fünf Führungskräfte einig, dass ein Führungskräfte-Coach für die aktive Begleitung in der „VUCA-Welt" notwendig ist und mehr Zeit für die eigentliche Führungsaufgabe eingenommen werden muss. Ebenso wird der große Nachholbedarf zur Bewusstheit der förderlichen Wirkung von stärkenorientierten Teams, die genaue Identifikation der Mitarbeiterstärken sowie der konsequente Einsatz der Mitarbeiter an der Stelle, wo er seine Stärken am besten einbringen kann, genannt. Weiterhin wünschen sich die Befragten einen klaren, bidirektionalen Austausch zwischen allen Führungsebenen und Führungsbereichen, um sich gegenseitig in ihrer Führungsfunktion zu unterstützen und als gesamte Organisation stärkenorientiert zusammen zu arbeiten.

4.1.5.3 Entwicklung zur stärkenorientierten Organisation

4.1.5.3.1 Wertungskategorien

Da der Fokus in der perspektivischen Betrachtungsweise auf der Entwicklung und Nennung konkreter Maßnahmen liegt, wird hier keine gesonderte Wertungskategorie ausgewiesen. Zur Evaluation wird, wie bei den vorangegangenen Bewertungen der Kategorien, vorgegangen, die keine extra Wertungskategorie haben. Da vier von fünf Führungskräften mehr als eine Maßnahme zum Ausbau einer stärkenorientierten Organisationskultur genannt haben (K_{20}) und ein Interviewpartner keine Aussage dazu getroffen hat, errechnet sich eine Erfüllungsquote von 80 %.

4.1.5.3.2 Inhaltskategorien

Als Maßnahmen zur Nutzung des stärkenorientierten Potenzials in der Organisation wurde genannt, dass ein Coach, die Führungskräfte wirtschaftspsychologisch bei der stärkenorientierten Teamoptimierung unterstützen (Verhaltenspsychologie, Kommunikation, Veränderungs- und Verbesserungspotenzial) und eine systematische Entwicklung der Führungskräfte zu Positive Leadership erfolgen soll. Die Führungsrolle soll sich dahingehend verändern, dass Mitarbeiter konsequent auf

Basis ihres Stärkenprofils und nicht ihres aktuellen Jobprofils weiterentwickelt und zügig zu der Funktion geführt werden, in der sie ihre Stärken am optimalsten einsetzen können. Als Grundvoraussetzung dafür nennen die Experten, dass ein kontinuierlicher Dialog zwischen Mitarbeiter und Führungskraft sowie zwischen verschiedenen Führungskräften unterschiedlicher Bereiche und Ebenen stattfinden soll. Damit dieser Austausch möglich ist, wünschen sich die Führungskräfte mehr Zeit für die Ausübung ihrer Führungsaufgabe. Sie geben an, dass dies nur mit der Reduzierung operativer sowie geschäftsbezogener Aufgaben einhergeht. Die Übersicht der Kategorien erfolgt in Tabelle 21.

FKo	Wertungskategorien		
	TW (SOLL)	TW (SOLL)	EQ (in %)
10	30	29	97
11	15	15	100
12	15	12	80
10-12	60	56	93

FKo	Inhaltskategorien	
	Maßnahmen	Entwicklungspotenzial
10		
11		<ul><li>Führungskräfte-Coach für die aktive Begleitung in der „VUCA-Welt"</li><li>Bewusstheitsförderung der förderlichen Wirkung von stärkenorientierten Teams</li><li>Identifikation der Mitarbeiterstärken sowie der konsequentere Einsatz der Mitarbeiter an der Stelle, wo er seine Stärken am besten einsetzen kann</li></ul>
12	<ul><li>Wirtschaftspsychologischer Support durch einen Coach, der die Führungskräfte bei der stärkenorientierten Teamoptimierung unterstützt und eine systematische Entwicklung der Führungskräfte zu Positive Leadership fördert</li><li>Klarer, bidirektionaler Austausch zwischen allen Führungsebenen und Führungsbereichen (Entwicklung am Stärken- und nicht am Jobprofil)</li><li>Notwendigkeit zum kontinuierlichen Dialog zwischen Führungskräfte und interaktiver Austausch über alle relevanten Führungsthemen (Community aufbauen)</li></ul>	

Tabelle 21: Zusammenfassung der Ergebnisse der Fragenkomplexe 10-12[134]

---

[134] Eigene Darstellung

Der Fragenkomplex 10 lässt sich mit einer Erfüllungsquote von 97 % beantworten, da die Führungskräfte bereit sind, ihre Stärken noch optimaler in der Organisation einzusetzen. Der Fragenkomplex 11 gibt Auskunft darüber, dass 100 % der befragten Experten an die positive Wirkung von stärkenorientierten Teams glauben. Die Bewertung des Fragenkomplexes 12 zeigt an, dass Möglichkeiten zum Ausbau einer stärkenorientierten Organisation genannt werden. Die Erfüllungsquote beträgt 80 %.

Dementsprechend wird die Wirkungsvoraussetzungen für den perspektivischen Ausbau einer stärkenorientierten Unternehmenskultur wird mit einer Quote von 93 % erfüllt.

4.1.6 Dimension Flow (Perspektive)

Der letzte Abschnitt zeigt die Matrix 6 auf, welche die Forschungskomplexe 16-18 beinhaltet. Die grafisch Darstellung erfolgt in Abbildung 15.

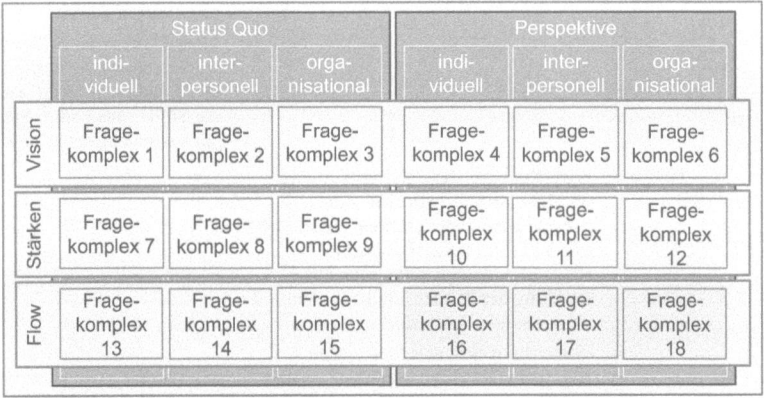

Abbildung 15: Darstellung der Matrix 6 im gesamten Forschungsmodell

4.1.6.1 Entwicklung zur engagierten Führungskraft

4.1.6.1.1 Wertungskategorien

Die Kategorie K_{25} gibt Auskunft darüber, dass vier von fünf Führungskräften die Förderung des persönlichen Flow-Zustandes anstreben. Nur eine Führungskraft widerspricht der Aussage. Demnach lässt sich diese Kategorie mit einer Erfüllungsquote von 80 % abschließen.

4.1.6.1.2 Inhaltskategorien

Da konkrete Maßnahmen bereits bei der Ermittlung des Status Quo genannt werden und auf Basis der vorhergehenden wissenschaftlichen Literaturarbeit davon auszugehen ist, dass die Befragten wenig über die Schaffung eines Flow-Zustandes auf individueller Ebene wissen, werden in diesem Abschnitt keine weiteren Maßnahmen abgefragt.

4.1.6.2 Entwicklung zum engagierten Team

4.1.6.2.1 Wertungskategorien

Da auf interpersoneller Ebene keine Wertungskategorien ausgewiesen sind, erfolgt die Wertung anhand des bereits beschriebenen Auswertungsschemas durch die Gewichtung der Inhaltskategorie K_{26}. Folglich wird eine Erfüllungsquote von 60 % erreicht, die anzeigt, dass 40 % zur optimalen Entwicklung eines engagierten Teams fehlen.

4.1.6.2.2 Inhaltskategorien

Die Kategorie K_{26} fasst konkrete Maßnahmen auf Teamebene zusammen. Dabei wird erkenntlich, dass der Ausbau von Ruhezonen und Einzelbüros zum Aufbau von engagierten Teams beitragen kann. Ebenso lässt sich folgern, dass die Führungskraft die Rolle des Coaches einnehmen soll, um die Rahmenbedingungen zur Generierung von Flow-Zuständen zu schaffen. Dazu wird die Grundvoraussetzung genannt, dass in der Unternehmenskultur eine flexible und agile Arbeitsweise zu implementieren ist.

4.1.6.3 Entwicklung zur engagierten Organisation

4.1.6.3.1 Wertungskategorien

In diesem Bereich ist ebenfalls keine Wertungskategorie vorhanden, da zur Beantwortung des zugehörigen Fragenkomplexes der Fokus auf den Inhalt gelegt wird. Die Gewichtung erfolgt wie bereits beschrieben nach der Anzahl der inhaltlichen Nennungen der zugehörigen Inhaltkategorie K_{27}. Auf dieser Basis errechnet sich eine Erfüllungsquote von 53 % und gibt Aufschluss darüber, dass knapp 50% der Wirkungsvoraussetzungen zur Entwicklung einer engagierten Organisation fehlen.

4.1.6.3.2 Inhaltskategorien

Als relevante Maßnahme zur Entwicklung einer engagierten Organisation wird die Veränderung der Einstellung in der Unternehmenskultur zum individuellen Gestalten genannt. Ebenso wird eine Standortbestimmung der Führungskultur und der Teamkultur durch wirtschaftspsychologische Betreuung als notwendige Maßnahme angesehen. Als dritten Umsetzungsfaktor wird der Einsatz eines Multiplikators genannt, um alte Führungsstrukturen aufzubrechen sowie neue Ansätze, Methoden und Mechanismen zu implementieren. Die Übersicht der Auswertungen der zugehörigen Kategorien erfolgt in Tabelle 22.

FKo	Wertungskategorien		
	TW (SOLL)	TW (SOLL)	EQ (in %)
16	15	12	80
17	15	9	60
18	15	8	53
16-18	45	29	64

FKo	Inhaltskategorien	
	Maßnahmen	Herausforderungen
16		
17	• Ausbau von Ruhezonen und Einzelbüros • Möglichkeiten des flexiblen Arbeitens in die Unternehmenskultur implementieren und vorleben • Führungsrolle als Coach und Rückendecker zur Generierung von Flow-Zuständen einnehmen	-
18	• Veränderung der Einstellung in der Unternehmenskultur zum individuellen Gestalten • Standortbestimmung der Führungskultur und der Teamkultur durch wirtschaftspsychologische Betreuung	

Tabelle 22: Zusammenfassung der Ergebnisse der Fragenkomplexe 16-18[135]

Da die Führungskräfte an den positiven Effekt des Flow-Zustandes glauben und bereit sind, mehr Flow-Zustände zu generieren, lässt sich der Fragenkomplex 16 mit einer Erfüllungsquote von 80 % beantworten. Im Bereich der Entwicklung von engagierten Teams beträgt die Erfüllungsquote 60 %. Damit kennt die Führungskraft nicht ausreichend Maßnahmen, um die förderliche Wirkung des Flow-Zustandes auf Teamebene zu nutzen. So werden die Wirkungsvoraussetzungen des Fragenkomplexes 17 nicht erfüllt. Auf der organisationalen Ebene wird eine

---

[135] Eigene Darstellung

Erfüllungsquote von 53 % erzielt. Diese besagt, dass hier ebenfalls nicht ausreichend Maßnahmen zur Generierung einer engagierten Organisation genannt werden. Demnach lässt sich die Entwicklung einer engagierten Organisation mit einer Erfüllungsquote von 64 % darstellen. Die sechs Profilmatrizen sind im Anhang (G) (Tabelle 41-Tabelle 46) dargestellt.

Zur Vorbereitung auf die Beantwortung der beiden Forschungsfragen werden in diesem Abschnitt (siehe Tabelle 23) die Erfüllungsquoten aus der Einzelanalyse zu den Dimensionen und Forschungshorizonte Status Quo und Perspektive zugeordnet.

Horizont	Dimension	Fragenkomplexe	EQ in %
Status Quo	Vision	Bestandsaufnahme visionäre Führungskraft	80
		Bestandsaufnahme visionäres Team	87
		Bestandsaufnahme visionäre Organisation	100
	Stärken	Bestandsaufnahme stärkenorientierte Führungskraft	80
		Bestandsaufnahme stärkenorientierte Teams	67
		Bestandsaufnahme stärkenorientierte Organisation	13
	Flow	Bestandsaufnahme stärkenorientierte Führungskraft	84
		Bestandsaufnahme stärkenorientierte Teams	78
		Bestandsaufnahme stärkenorientierte Organisation	58
Perspektive	Vision	Entwicklung zur visionären Führungskraft	100
		Entwicklung zum visionären Team	83
		Entwicklung zur visionären Organisation	93
	Stärken	Entwicklung zur stärkenorientierten Führungskraft	97
		Entwicklung zum stärkenorientierten Team	100
		Entwicklung zur stärkenorientierten Organisation	80
	Flow	Entwicklung zur engagierten Führungskraft	80
		Entwicklung engagierten Teams	60
		Entwicklung engagierte Organisation	53

Tabelle 23: Zusammenfassung der Erfüllungsquoten der Fragenkomplexe[136]

---

[136] Eigene Darstellung

Gemäß dem Forschungsmodell wird durch die Mittelwertbildung der Fragenkomplexe auf die Erfüllungsquote einer Dimension geschlossen. Durch die anschließende Mittelwertbildung der Dimensionen wird die Erfüllungsquote der jeweiligen Forschungsfrage berechnet.

4.2 Darstellung der Gesamtanalyse

Zur Beantwortung der Forschungsfragen werden die jeweiligen Inhalte und Wertungsfaktoren der Fragenkomplexe herangezogen. Zur Bewertung wird die Erfüllungsquote der Forschungsfrage 1, durch die Mittelwerteberechnung der Erfüllungsquote aus den Fragenkomplexen 1, 2, 3, 7, 8, 9, 13, 14, 15, ermittelt. Analog dazu berechnet sich der Erfüllungsgrad der zweiten Forschungsfrage (Perspektive Positive Leadership) durch die Mittelwertbildung der Wertungskategorien aus den Fragenkomplexen 4, 5, 6, 10, 11, 12, 16, 17, 18. Entsprechend der Bewertung der Fragenkomplexe, zeigt eine Erfüllungsquote ≥ 75 % an, dass die Wirkungsvoraussetzungen der Forschungsfrage erfüllt sind. Dahingegen werden die Voraussetzungen einer Forschungsfrage mit einem Erfüllungsgrad <75 % nicht erfüllt. Dementsprechend wird für jeden Forschungshorizont eine Betrachtung der Erfüllungsquote (EQ) sowie die Darstellung der Antworten (A) des jeweiligen Fragenkomplexes aufgeführt. Dazu wird eine Profilmatrix verwendet, die in den Zeilen die Ergebnisse der Dimensionen und in den Spalten die Ergebnisse der Forschungsebenen beinhaltet.

4.2.1 Darstellung des Forschungshorizontes Status Quo

Nachfolgend werden in Tabelle 24 die Ergebnisse des Forschungshorizontes Status Quo zusammengefasst.

	Individuell		Interpersonell		Organisational		Dimension	
	EQ	A	EQ	A	EQ	A	$\overline{EQ}$	A
Vision	80 %	ja	87 %	ja	100 %	ja	89 %	ja
Stärken	80 %	ja	67 %	ja	13 %	nein	53 %	nein
Flow	93 %	ja	80 %	ja	60 %	nein	78 %	Ja
Ebene	84 %	ja	78 %	nein	58 %	nein	**73 %**	**nein**

Tabelle 24: Zusammenfassung der Ergebnisse des Horizontes Status Quo[137]

---

[137] Eigene Darstellung

4.2.1.1 Betrachtung der Forschungsebenen

Auf individueller Ebene erreicht die Erfüllungsquote 84 %. Damit zeigt sich, dass die Führungskräfte die Voraussetzungen für die Ausübung des Positive Leadership erfüllen.

Im Bereich der Teambetrachtung wird eine Erfüllungsquote von 78 % erreicht. Da der Wert unter 80 % liegt, bedeutet dies auf Teamebene, dass die Wirkungsvoraussetzungen zur Ausübung des Positive Leadership nicht ausreichend erfüllt sind. Wird die organisationalen Ebene betrachtet, so beträgt die Erfüllungsquote 58 %. Dieses Ergebnis führt dazu, dass auf organisationaler Ebene ebenfalls nicht ausreichend Wirkungsvoraussetzungen zur Ausübung des Führungsansatzes vorhanden sind.

4.2.1.2 Betrachtung der Dimensionen

Die visionäre Komponente des Konstruktes Positive Leadership ergibt über alle Forschungsebenen hinweg eine Erfüllungsquote von 89 %. Damit werden die Wirkungsvoraussetzungen der Dimension Vision erfüllt. Im Bereich der Stärken wird eine Erfüllungsquote von 53 % erreicht. Damit sind die Voraussetzungen für eine stärkenorientierte Organisationskultur im Sinne des Positive Leadership nicht erfüllt sind. Die Erfüllungsquote der Flow-Ebene beträgt 78 % und zeigt, dass diese den Voraussetzungen entsprechen.

4.2.1.3 Zusammenfassung der Ergebnisse

Wird gemäß dem entwickelten Forschungsmodell das Konstrukt Positive Leadership auf dem zeitlichen Horizont Status Quo durch das Zusammenführen der Forschungsebenen und Dimensionen rekonstruiert, ergibt sich eine Erfüllungsquote von 73 %. Dieser Wert ist kleiner als 80 %. Bewertet bedeutet das Ergebnis, dass die Maßnahmen aus dem Bereich Positive Leadership nicht hinreichend umgesetzt werden und wenig Strukturen des neuen Führungsansatzes vorhanden sind.

4.2.2 Darstellung des Forschungshorizontes Perspektive

Die Ergebnisse zu dem Forschungshorizont der Perspektive werden in der Tabelle 25 präsentiert.

	Individuell		Interpersonell		Organisational		Dimension	
	EQ	A	EQ	A	EQ	A	$\overline{EQ}$	A
Vision	100 %	ja	83 %	ja	93 %	ja	92 %	ja
Stärken	97 %	ja	100 %	ja	80 %	ja	92 %	ja
Flow	80 %	ja	60 %	nein	53 %	nein	64 %	nein
Ebene	92 %	ja	81 %	ja	75 %	nein	83 %	ja

Tabelle 25: Zusammenfassung der Ergebnisse des Horizontes Perspektive[138]

4.2.2.1 Betrachtung der Forschungsebenen

Durch die Untersuchung der individuellen Forschungsebene lässt sich eine Erfüllungsquote von 92 % ermitteln. Auf der interpersonellen Ebene wird eine Erfüllungsquote von 81 % errechnet. So wird ersichtlich, dass auf individueller und interpersoneller die Bewusstheit des Positive Leadership-Ansatzes herrscht. Die Darstellung der organisationalen Ebene demonstriert, dass die Wirkungsvoraussetzungen mit einer Quote von 75 % nicht ausreichen, um Positive Leadership in den Strukturen der Organisation zu verankern.

4.2.2.2 Betrachtung der Dimensionen

Aus der Betrachtung der Vision geht hervor, dass die Quote mit 92 % nahezu alle Wirkungsvoraussetzungen für den Ausbau einer visionären Führungskultur erfüllt sind. Die Dimension Stärken beträgt die gleiche Erfüllungsquote wie die Dimension Vision. Die Erfüllungsquote drückt aus, dass ausreichend Bewusstheit zur potenziellen Entwicklung einer stärkenorientierten Unternehmenskultur vorhanden ist. Die dritte Dimension (Flow) erreicht eine Quote von 64 % und zeigt auf, dass in diesem Bereich nicht genügend Bewusstheit vorherrscht, um die förderliche Wirkung des Flow-Zustandes zu nutzen.

---

[138] Eigene Darstellung

4.2.2.3 Zusammenfassung der Ergebnisse

Durch das Zusammenführen der Ergebnisse aus den drei Dimensionen und den drei Forschungsebenen lässt sich eine Erfüllungsquote von 83 % identifizieren. Diese sagt aus, dass die Wirkungsvoraussetzungen zur Entfaltung des Positive Leadership-Ansatzes erfüllt sind und durch die Implementierung von Maßnahmen die Führungs- und Organisationskultur ausbauen kann.

4.3 Zusammenfassung und Beantwortung der Forschungsfragen

Nachfolgend werden die zwei Forschungsfragen durch die Ergebnisse der vorangegangene Einzel- und Gesamtanalyse beantwortet.

4.3.1 Beantwortung der ersten Forschungsfrage

- Forschungsfrage 1: Inwieweit sind die Strukturen des Positive Leadership-Ansatzes im Unternehmen verankert? (Status Quo)

Die Forschungsfrage 1 gibt Aufschluss darüber, ob Strukturen des Positive Leadership in der Organisation vorhanden sind (Wertungscharakter) und dient dazu, konkrete Ansätze aufzuzeigen (Inhaltscharakter). Die Darstellung der Erfüllungsquote und der Gesamtantwort der Forschungsfrage 1 wird in Tabelle 26 abgebildet.

Konstrukt	Bewertungscharakter	
	Erfüllungsquote (in %)	Erfüllung der Voraussetzungen
Positive Leadership	73	nein

Tabelle 26: Übersicht der Bewertungskategorien der Forschungsfrage 1[139]

Mit der Erfüllungsquote von 73 % lassen sich die Wirkungsvoraussetzungen von Positive Leadership nicht erfüllen. Die Darstellung und Interpretation der Inhaltskategorien erfolgt in Kapitel 5.1.

Damit wird die Antwort der Forschungsfrage 1 wie folgt dargestellt:

- Es sind nachweislich förderliche Strukturen (Herausforderungen und Maßnahmen) im Sinne des Positive Leadership-Ansatzes in dem Unternehmen vorhanden, die allerdings nicht ausreichen, um den Anspruch des Führungsansatzes gemäß der definierten Operationalisierung sowie der theoretischen Grundlagen gerecht zu werden.

---

[139] Eigene Darstellung

4.3.2 Beantwortung der zweiten Forschungsfrage

- Forschungsfrage 2: Ist eine Veränderung zugunsten des Positive Leadership-Ansatzes im Unternehmen ersichtlich? (Perspektive)

Die Forschungsfrage 2 dient sowohl zur Identifikation des Potenzialausbaus des Führungsansatzes als auch zur Nennung konkreter Ansätze, um Positive Leadership zukünftig nachhaltiger im Unternehmen zu implementieren. Die Inhaltskategorien geben die perspektivischen Ansätze des Positive Leadership wieder. Darüber hinaus erfolgt die Bewertung der Inhalte durch die Bewertungskategorien (siehe Tabelle 27):

Konstrukt	Bewertungscharakter	
	Erfüllungsquote (in %)	Erfüllung der Voraussetzungen
Positive Leadership	83	ja

Tabelle 27: Übersicht der Bewertungskategorien der Forschungsfrage 2[140]

Die Erfüllungsquote von 83 % gibt Auskunft darüber, dass die Organisation sich entsprechend des Positive Leadership-Ansatzes förderlich entwickelt. Der Inhaltscharakter der Forschungsfrage 2 wird durch die Nennung von Entwicklungspotenzialen und Maßnahmen verliehen. Der Inhalt wird ebenfalls in Kapitel 5.1 dargestellt und interpretiert.

In der Folge der Ergebnisanalyse und Abstraktion wird die Forschungsfrage 2 wie folgt beantwortet:

- Dadurch, dass die Führungskräfte das Potenzial des Positive Leadership durch konkrete Maßnahmen ausbauen möchten sowie die Wirkungsvoraussetzungen zum Ausbau des Positive Leadership erfüllt sind, ist eine Veränderung zugunsten des Positive Leadership ersichtlich.

---

[140] Eigene Darstellung

5 Diskussion und Interpretation

Abschließend werden die Ergebnisse interpretiert sowie die Handlungsempfehlungen dargestellt. Ebenso wird das eigene Vorgehen reflektiert.

5.1 Interpretation der Ergebnisse

Im Folgenden werden die Ergebnisse der Inhaltskategorien in Bezug zu den beiden Forschungshorizonten Status Quo und Perspektive interpretiert.

5.1.1 Status Quo des Konstruktes Positive Leadership

Die konkreten Herausforderungen und Maßnahmen sind in Tabelle 28 dargestellt und werden anschließend beschrieben.

	Inhaltscharakter
	Herausforderungen
1	• Verlust des „Know-Why", Verlust der Sinngebung der Tätigkeit von Menschen
2	• Unternehmensvision ist nicht für alle Mitarbeiter greifbar (keine Wirkungsentfaltung)
3	• Fehlende Reflexion über zeitgemäßen Führungsstil • Aktueller Führungsstil ist zu stark diktatorisch
4	• Personalentwicklung erfolgt in Anlehnung an Jobprofil und nicht am Stärkenprofil
5	• Führungskräfte- und Mitarbeiterdialog findet zu selten und mit zu starren Parametern statt
6	• Mitarbeiter trauen sich nicht ausreichend individuelle Meinung hinsichtlich Problemen und Herausforderungen ehrlich zu äußern
7	• Entwicklungspotenzial wird durch nicht-stärkenorientierten Einsatz im Unternehmen gehemmt
8	• Starke Belastung des unteren Managements durch viele, operative Prozesse
Maßnahmen	
1	• Konkretisierung der Unternehmensvision: reale Anwendungen und Megatrends
2	• Workshop-Initiative zur Teamvision und Ableitung von konkreten Handlungen

Tabelle 28: Übersicht der Inhaltskategorien der Forschungsfrage 1[141]

Die Übersicht zeigt, dass die Frage nach dem „Warum" in der Unternehmenskultur verloren gegangen ist. Ebenso ist die Unternehmensvision zu abstrakt formuliert und spricht nur wenige Mitarbeiter an. Dies kann unter anderem eine Ursache dafür sein, dass die Menschen im Unternehmen den Sinn in ihrer Tätigkeit nicht sehen. Denn gemäß den dargestellten theoretischen Fundierungen, können Menschen in ihrer Tätigkeit nur Sinn erkennen, wenn die Frage nach dem „Warum" geklärt ist und verinnerlicht wird. Zur Konkretisierung der Unternehmensvision, werden in einigen Abteilungen vereinzelte Maßnahmen, wie Workshop-Initiative zur Entwicklung einer Teamvision und Ableitung von konkreten Handlungen, umgesetzt.

---

[141] Eigene Darstellung

Weiterhin wird die Führungskultur nicht ausreichend auf individueller, interpersoneller und organisationaler Ebene reflektiert und diskutiert. Gemäß den Aussagen der Experten sollte ein zukunftsfähiger Führungsstil kooperativ, agil, individuell, coachend, unterstützend und visionär sein. Auf der anderen Seite wird durch die Interviews ersichtlich, dass noch ein zu stark diktatorischer Führungsstil in der Organisation vorherrscht.

Die aktuelle Personalentwicklung erfolgt in Anlehnung an das Jobprofil und nicht das Stärkenprofil des Mitarbeiters. Per Definition bedeutet eine stärkenorientierte Organisation, dass Menschen hinsichtlich ihrer individuellen Stärken gefördert sowie konsequent in einer geeigneten Funktion eingesetzt werden. Da die Mitarbeitergespräche vorwiegend von geschäfts- und berufsbildbezogenen Themen geprägt sind, können die tatsächlichen Stärken oft nicht identifiziert werden. Hinzu kommt, dass Mitarbeiter nicht den Mut aufbringen, ihre Meinung zur aktuellen Führungssituation sowie berufsbezogenen Herausforderungen zu äußern. Demzufolge versuchen sie sich an das aktuelle Jobprofil anzupassen und den Ansprüchen der Tätigkeit gerecht zu werden. Selbst wenn die Mitarbeiter erkennen, dass ihre wahren Stärken in einem anderen Bereich liegen, sprechen sie dies nicht bei ihrer Führungskraft an. Dies kann zum einen daran liegen, dass durch die stark strukturierenden und prozessgebundenen Mitarbeiterdialoge nicht ausreichend Zeit ist und zum anderen aufgrund des diktatorischen Führungsstils die Mitarbeiter sich dem Vorgesetzten unterworfen fühlen.

Wie im theoretischen Teil dargestellt, resultiert aus einer nicht-stärkenorientierten ausgerichteten Tätigkeit der Verlust der Sinngebung. Dies kann sogar soweit führen, dass Mitarbeiter nicht daran glauben, dass die Führungskraft sie individuell fördert und demzufolge innerlich kündigen. Folglich resultiert daraus, dass die Mitarbeiter unglücklicher werden und weitere Risiken wie die Resignation oder die Erhöhung der Fluktuation entstehen.

5.1.2 Perspektive des Konstruktes Positive Leadership

Die dargestellten Herausforderungen werden im folgenden Abschnitt aufgegriffen und anhand des identifizierte Entwicklungspotenzial sowie erfasster Maßnahmenvorschläge aus den Interviews dargestellt (siehe Tabelle 29) und anschließend konkretisiert.

	Inhaltscharakter
	Entwicklungspotenzial
1	• Führungsaufgabe kann immer weniger wahrgenommen werden
2	• Weiterer Verlust der Sinngebung durch unkonkrete Vision
3	• Verstärkter, authentischer und offener Austausch und Ideengenerierung zwischen allen Managementebenen
4	• Ausbau der Coaching-Fähigkeit der Führungskräfte • Veränderung der Eigenschaften des Führungsstils zu: kooperativ, agil, individuell, coachend, unterstützend, visionär • Anpassungsfähigkeit der Führungskraft • Bewusstheitsschulung der Führungskräfte zum stärkenorientierten Teamaufbau
5	• Möglichkeit zum Austausch über Abteilungsgrenzen hinweg zur Förderung der Kreativität und der gegenseitigen Ideengenerierung
	Maßnahmen
1	• Potenzialausschöpfung einer erfolgreichen Führungskultur durch Erhöhung der Führungsaufgaben und Verringerung der operativen Aufgaben einer Führungskraft
2	• Aufbau von Authentizität in der Unternehmenskultur durch eine ehrliche Kommunikation der gemeinsamen Vision • Mitarbeiter in die Erstellung der Team- und Organisationsvision einbinden • Unternehmensvision auf Bereiche herunterbrechen
3	• Förderung des Anstoßes und Austausch über Positive Leadership • Klare, bidirektionale Kommunikation zwischen allen Führungsebenen • Schaffung einer internen und externen Austauschplattform für Führungskräfte zum Thema innovative Führung (regelmäßiger Dialog)
4	• Systematische Entwicklung einer Lernkultur für Führungskräfte und Mitarbeiter
5	• Einsatz eines Multiplikators, um alte Führungsstrukturen aufzubrechen und neue Ansätze, Methoden sowie Mechanismen zu implementieren
	Maßnahmen
6	• Lernen und Trainieren von flexibler und situativer Führung • Umgang mit Konflikten und Scheitern lernen • Anstoß und Austausch über Positive Leadership

	• Notwendigkeit eines Führungskräfte-Coaches für Support in der VUCA-Welt (Positive Leadership, Teamaufbau, Teamoptimierung, Verhaltenspsychologie, etc.) • Psychologische Betreuung von Personal und Führungskräften (Stärkenfindung, Stärkenausbau, geführte Jobrotation) • Standortbestimmung der Führungskultur und der Teamkultur durch wirtschaftspsychologische Betreuung
7	• Vermeidung des Einsatzes von Mitarbeitern in Funktionen, die nicht dem individuellen Stärkenprofil entsprechen • Personalentwicklung muss an Stärken- und nicht am Jobprofil ausgerichtet werden (Stärkenoptimaler Einsatz) • Erhöhung des stärkenorientierten Einsatzes der Führungskräfte und Mitarbeiter (Bewusstheitsschaffung: Querentwicklung) • Erhöhung der Kreativität und der Produktivität bei Stärkenoptimierten Einsatz • Teams mit dem idealen Stärkeneinsatz sind erfolgreicher und bringen Höchstleistung
8	• Qualitätserhöhung durch diverse Teams mit hoher Teamdynamik • Herkömmliche Auswahlprozesse von Teammitgliedern durch einen Auswahlprozess der Team-Member-Jury anreichern • Freiraum für alle Mitarbeiter über die eigentliche Aufgabe hinaus weitere, diverse Projekte zu verfolgen

Tabelle 29: Übersicht der Inhaltskategorien der Forschungsfrage 2[142]

Zur übersichtlichen Darstellung erfolgt die Interpretation für den Positive Leadership-Ansatz, die Vision, die Stärken und den Flow unter Einbezug der theoretischen Erkenntnisse aus dem literaturbasierten Abschnitt (siehe Kapitel 2).

5.1.3 Positive Leadership

Die vorausgegangenen Ergebnisse verdeutlichen, dass die Führungsaufgabe aufgrund geschäftsbezogener Tätigkeiten nicht umfassend wahrgenommen werden kann. Um Führungskräfte genügend Freiraum zur Ausübung ihrer Führungsfunktion zu gewähren und gleichzeitig dafür zu sorgen, dass die Menschen im Unternehmen stärkenorientiert eingesetzt werden, können Aufgaben der Führungskräfte an Mitarbeiter delegiert oder eine zweite Führungskraft hinzugenommen werden. Gemäß der geteilten Führung, kann die Führungsaufgaben auf beispielsweise zwei Personen aufgeteilt werden. Demnach kann eine Führungskraft geschäftsbezogene und die andere Führungskraft personenbezogene Aufgaben wahrnehmen.

---

[142] Eigene Darstellung

Die Ergebnisse zeigen, dass der Austausche zwischen allen Managementebenen als ausbaufähig erachtet wird. Führungskräfte wünschen sich mehr Möglichkeit zum Austausch zur Förderung der Kreativität und der gegenseitigen Ideengenerierung hinweg. Um diesen Wünschen gerecht zu werden, empfiehlt es sich mit internen und externen Führungskräften bereichsübergreifend auszutauschen.

5.1.4 Vision

Aus den Ergebnissen der Interviews geht weiterhin hervor, dass zwischen dem Top-Management und dem mittleren sowie unterem Management eine große Kommunikationslücke besteht. Dementsprechend erfolgt die Transformation neuer Führungsansätze nur langsam. Dies bestätigt sich dadurch, dass sich alle Führungskräfte darüber einig sind, dass der Sinn der eigentlichen Tätigkeit durch die fehlende Identifikation mit der Unternehmensvision verloren geht.

Gemäß den Befragten soll die Authentizität in der Unternehmenskultur aufgebaut und eine ehrliche Kommunikation in allen Hierarchiestufen gefördert werden. Darüber hinaus schlagen die Experten vor, dass sich Mitarbeiter bei der Gestaltung einer (Team-)Vision einbringen sollen und dadurch der intrinsische Motivationsfaktor erhöht werden kann. Diese Aussage lässt sich durch die theoretischen Grundlagen untermauern, aus denen hervorgeht, dass Visionen zur Steigerung der Motivation und Einsatzbereitschaft beitragen und damit die Arbeitsleistung erhöhen.

5.1.5 Stärken

Bereits bei der Einstellung von Mitarbeitern oder den internen Stellenwechseln beginnt der Prozess des stärkenorientierten Einsatzes von Menschen. Viele Bewerber geben nicht ihre wahren Stärken preis, sondern stellen die Stärken der Stellenbeschreibung dar, um die Einstellungschancen zu erhöhen. Die obligatorische Frage nach den persönlichen Fähigkeiten, gibt daher wenig Aufschluss über die tatsächlichen Talente der Mitarbeiter. Folglich werden Menschen an Funktionen im Unternehmen eingesetzt, in denen sie nicht ihre wahren Stärken einbringen können. Weiterhin geht aus den Experteninterviews hervor, dass sich Menschen ihrer eigenen Stärken oft nicht bewusst. Dieses Defizit kann darauf zurückgeführt werden, dass ein Mitarbeitergespräch vorwiegend zielorientierte Komponenten und wenig stärkenfokussierte Entwicklungsmöglichkeiten aufweist.

Um die wahren Talente der Menschen zu identifizieren und gleichzeitig geeignete Mitarbeiter für das jeweilige Team zu finden, schlagen die Experten vor, den herkömmlichen Auswahlprozesses von Teammitgliedern durch eine sogenannte

„Team-Member-Jury" zu erweitern. Dementsprechend sollen die Mitarbeiter eines Bereiches mitentscheiden, ob der potenzielle Kandidat, anhand dessen Talente und Stärken, in das Team passt. Gemäß den theoretischen Fundierungen lässt sich damit eine harmonische Zusammenarbeit sowie eine Erhöhung der Arbeitsproduktivität erzielen.

5.1.6 Flow

Entsprechend den Aussagen der Führungskräfte kann die Innovationsfähigkeit und Kreativität dadurch gesteigert werden, dass die Organisation und all ihre Mitarbeiter „im Flow" sind. So sollten alle Prozesse und Tätigkeiten „fließen" können und so wenig Barrieren wie möglich vorhanden sein. Dies lässt sich ebenfalls aus dem Theorieteil der vorliegenden Arbeit bestätigt. Demnach wird durch den Flow-Zustand das Glück der Mitarbeiter erhöht und damit Arbeiten effizienter ausgeführt.

Die aktuelle Herausforderung besteht darin, dass noch zu viele Prozesse implementiert sind, die Mehraufwand und keinen Mehrwert in der Ausübung der Führungsrolle darstellen. Wie bereits dargestellt, ist das größte Problem, dass die Führungskräfte ihrer eigentlichen Tätigkeit als Führungspersönlichkeit nicht nachkommen können. Folglich können Mitarbeiter nicht kontinuierlich entwickelt werden.

5.2 Ableitung von Handlungsempfehlungen

Auf Basis der interpretierten Ergebnisse werden unter Einbeziehung der perspektivischen Betrachtung (Entwicklungspotenzial und Maßnahmen) sowie den theoretischen Grundlagen aus Kapitel 2 Handlungsempfehlungen abgeleitet. Diese Handlungsempfehlungen zeigen auf, welche konkreten Funktionen und Prozesse zum Ausbau des Positive Leadership in der Organisation notwendig sind.

5.2.1 Funktionale Handlungsempfehlung

Aus den vorherigen Zusammenfassung der Ergebnisse geht hervor, dass sich die Führungskräfte eine wirtschaftspsychologische Unterstützung wünschen.

Die Merkmale des Aufgabenbereiches sind die Bewusstheitsschaffung der förderlichen Wirkung einer stärkenorientierten Unternehmenskultur, die Identifikation der Stärken aller Mitarbeiter sowie der individuelle Ausbau der Stärken.

Die übergeordnete Funktion auf Top-Management Ebene lässt sich als Chief Mindfulness Officer (CMO) bezeichnen. Diese Funktion sorgt dafür, dass Positive

Leadership auf Unternehmensebene in die gesamte Organisation transformiert und implementiert wird. Zur Veranschaulichung wird diese Funktion in Abbildung 16 grafisch dargestellt.

Abbildung 16: Darstellung der funktionalen Handlungsempfehlung

Da aus den Ergebnissen der empirischen Arbeit hervorgeht, dass sich die Führungskräfte einen Coach zur Unterstützung von stärkenorientierten Team Building Maßnahmen, Schulung von neuen Führungsansätzen sowie die Begleitung in Personalthemen wünschen, wird für jeden Bereich ein separater Coach vorgesehen. Dieser ist als Multiplikator für den Fortschritt des Führungsansatzes verantwortlich und steht als Berater für alle Führungskräfte sowie Mitarbeiter zur Verfügung.

Weitere Recherchen zeigen, dass der Konzern SAP, aus der IT-Branche, bereits einen Chief Mindfulness Officer im Unternehmen einsetzt. Dieser Verantwortungsbereich umfasst Maßnahmen, die das „WIR-Gefühl" im Unternehmen erhöhen und den Stärkenausbau fördern. Das Ergebnis ist die Steigerung der inneren Zufriedenheit und die Erhöhung der Leistung.[143]

---

[143] Vgl. Rohde, S., (03.06.2019), https://www.stern.de/wirtschaft/job/stressreduktion--sap-organi siert-angestellten-meditation-im-buero-7590186.html.

5.2.2 Prozessuale Handlungsempfehlung

Auf Basis der festgestellten Notwendigkeiten zum Ausbau des Positive Leadership und der dargestellten Maßnahmen, wird ein Prozess entwickelt, der einen systematischen Einsatz von Positive Leadership in der Organisation ermöglicht. Die Übersicht erfolgt in Abbildung 17.

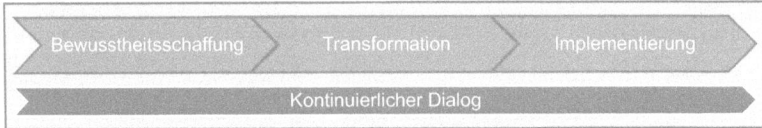

Abbildung 17: Darstellung der prozessualen Handlungsempfehlung

Der Hauptprozess gliedert sich in drei Teilbereiche (Bewusstheitsschaffung, Transformation und Implementierung) und beinhaltet einen kontinuierlichen Begleitungsprozess (kontinuierlicher Dialog). Im weiteren Verlauf wird das Zusammenspiel der prozessualen und funktionalen Elemente beschrieben. Dabei wird, entlang der Prozessschritte Bewusstheitsschaffung, Transformation und Implementierung sowie dem kontinuierlichen Dialog, die konkrete Funktion des Coaches dargestellt.

5.2.2.1 Bewusstheitsschaffung

Aufgrund der geringen Kenntnis des Nutzens des Führungsansatzes ist es notwendig, dass Führungskräfte die Bewusstheit erlangen, nicht nur in der eigenen Einheit für Stärkenoptimierung zu sorgen, sondern für die gesamte Organisation Verantwortung zu übernehmen. Dementsprechend gilt es in der ersten Phase, die förderlichen Effekte des Positive Leadership zu erläutern und Bewusstheit für die neue Führungskultur im Unternehmen zu generieren. Dabei erklärt der Coach in Vorträgen sowie in Gruppengesprächen, wie Positive Leadership zu mehr Erfolg im Unternehmen führen kann.

5.2.2.2 Transformation

Nachdem die Bewusstheit der förderlichen Wirkung bei den Führungskräften implementiert ist, erfolgt die Transformation. Dabei wird den Führungskräften in Workshops tiefgreifendes Wissen, Tools und Methoden aufgezeigt, wie Positive Leadership in ihrem Führungsalltag eingesetzt werden kann. Es wird dargestellt, welche konkreten Umsetzungen notwendig sind, um die Stärken der Mitarbeiter richtig zu identifizieren, diese einzusetzen sowie individuell zu fördern. Die Schulungen umfassen ebenfalls das Trainieren von konkreten Konfliktsituationen. Zur systematischen Entwicklung dieser Unternehmenskultur ist es notwendig, dass der Berater wirtschaftspsychologische Kenntnisse sowie berufliche Erfahrungen in der Organisation hat.

5.2.2.3 Implementierung

Nachdem die Führungskräfte die Schulung durchlaufen haben, gilt es einige herkömmliche Prozesse zu verändern. So stellt der zentrale Inhalt des Mitarbeitergespräches nicht mehr die Entwicklung entlang des aktuellen Jobprofils dar, sondern fördert den Mitarbeiter stärkenorientiert. Damit ist die Möglichkeit gegeben, dass bereits nach kurzer Zeit der Mitarbeiter und die Führungskraft in einem Gespräch feststellen, dass der Mitarbeiter an einer anderen Stelle in der Organisation seine Stärken optimaler als in der aktuellen Funktion einsetzen kann. Demensprechend gilt es, den Mitarbeiter konsequent in diese Funktion zu entwickeln und ihn nicht aus Bequemlichkeit oder Angst, keinen geeigneten Nachfolger zu finden, in der aktuellen Funktion verharren zu lassen.

Um diese Entwicklungen effizient umsetzen zu können, kann ebenfalls der Berater als Mentor herangezogen werden. Dieser kann durch die Kommunikation mit weiteren Führungskräften und internen Beratern über eine geeignete Stelle des Mitarbeiters beraten und so die Führungskraft unterstützen, einen passenden Nachfolger zu finden. Ebenfalls können diese Gesprächsthemen in Austauschplattformen der Führungskräfte platziert werden.

5.2.2.4 Kontinuierlicher Dialog

Zur Aufrechterhaltung eines kontinuierlichen Dialoges wird empfohlen, dass die Führungskräfte und Coaches vier Mal im Jahr in einem aktiven Workshop zusammenkommen. Hier haben die Führungskräfte die Möglichkeit, gemeinsam mit den Coaches, über aktuelle Führungsherausforderungen zu diskutieren, sich gegenseitig zu unterstützen, neue Methoden auszuprobieren und wirksame Führungsmechanismen zu implementieren. Die Rolle des Coaches stellt sich dabei als Moderator, Vermittler und Koordinator dar, um Gespräche durch geeignete Fragen zu lenken und neue Anstöße, durch beispielsweise das Einladen von externen Gästen, zu fördern. Der bewusste und systematische Austausch der Führungskräfte und das damit einhergehende Einsetzen neuer Management Tools und Methoden, führt zu mehr Mut, besonders in der „VUCA-Welt", neue Ideen in die Realität umzusetzen.

5.3 Reflexion des eigenen Vorgehens

Bei qualitativen Forschungen können die klassischen Gütekriterien wie die Objektivität, Reliabilität und Validität aufgrund der erkenntnistheoretischen und methodologischen Grundannahmen nicht herangezogen werden können.[144] Demzufolge findet die methodische Kontrolle anhand der Kriterien der Offenheit, Reflexivität, Intersubjektivität und der Konsistenzregel statt. Um eine Analogie darzustellen, werden die quantitativen und qualitativen Gütekriterien in Tabelle 30 gegenübergestellt und anschließend erläutert.

Quantitative Sozialforschung	Qualitative Sozialforschung
Objektivität	Intersubjektivität Reflexivität
Interne Validität	Konsistenzregel Interpretations-Intersubjektivität
Externe Validität	Repräsentation
Reliabilität	Konsistenzregel

Tabelle 30: Gegenüberstellung quantitativer und qualitativer Gütekriterien[145]

5.3.1 Intersubjektivität

Bei quantitativen Forschung ist die Nachprüfbarkeit der Ergebnisse von der Wiederholbarkeit abhängig. Da es sich bei der vorliegenden Arbeit um eine qualitative Forschung handelt, ist die Intersubjektivität die Analogie zur Objektivität. Durch die Explikation und die Dokumentation aller Forschungsschritte wird der Erkenntnisprozess für Dritte nachvollziehbar gemacht und die Intersubjektivität als Gütekriterium erfüllt.

Es lässt sich bereits zu Beginn anmerken, dass ein qualitatives Experteninterview, im Vergleich zu quantitativen Befragungen, den Anspruch der intersubjektiven Nachvollziehbarkeit nie vollumfänglich erzielen kann. Dies liegt daran, dass das Erhebungsinstrument keinen ausreichenden Standardisierungsgrad aufweist.[146] Demnach ist davon auszugehen, dass jeder Forscher, der das entwickelte

---

[144] Vgl. Kruse, J.: 2015, S. 55.
[145] Eigene Darstellung in Anlehnung an Kruse, J.: 2015, S. 55.
[146] Vgl. Kruse, J.: 2015, S. 55.

Erhebungsinstrument nutzt und die gleichen Experten interviewt, nie die identischen Informationen wie der vorherige Forscher erhält.

Da sich die intersubjektive Nachvollziehbarkeit vor allem auf die Verfahren der Datenerhebung und Datenanalyse beziehen, werden im Folgenden die Kriterien der Expertenauswahl, die Offenheit des Interviewleitfadens, die Interviewsituation und die Auswertungsmethode hinsichtlich des Kriteriums diskutiert.

5.3.1.1 Datenerhebung

Um die grundsätzliche intersubjektive Nachvollziehbarkeit gewährleisten zu können, gilt es, dass eine Mindestangabe der Organisation sowie der Tätigkeitsfelder der Führungskräfte beschrieben ist.[147] Diese Bedingung ist erfüllt und damit lässt sich das Gütekriterium bestätigen.

Bei der Auswahl der Experten ist zu hinterfragen, ob tatsächlich geeignete Interviewpartner ausgewählt wurden, die über das notwendige Wissen verfügen, das zur Beantwortung der Forschungsfragen notwendig ist. Der Auswahlprozesse der Experten erfolgt anhand der Identifikation des inhaltlichen Wissens (Leitsätzen nach JOCHEN GLÄSER und GRIT LAUDES) sowie dem Prinzip der maximalen Varianzbreite (Varianzmerkmale: Geschlecht, Alter, Betriebszugehörigkeit, Dauer der Führungsfunktion, verschiedene Fachbereiche). Durch diese genaue Beschreibung der Auswahl der Interviewpartner ist es für jeden weiteren Forscher möglich, geeignete Experten durch das Nachvollziehen der originalen Expertenauswahl zu identifizieren. Damit wird die intersubjektive Nachvollziehbarkeit der Expertenauswahl erhöht. Im Rahmen der strukturellen Möglichkeiten wurde der Leitfaden mit einer maximalen Offenheit konzipiert. Die Beschreibung des Kriteriums der Offenheit findet im weiteren Abschnitt ausführlich statt.

Um das Gütekriterium während der Interviewsituation zu erfüllen, gilt es, eindeutige Regeln zur Interviewführung festzuhalten. Im Interviewleitfaden wird jede Antwortoption der definierten Fragen schriftlich festgehalten. So hat eine dritte Person die Möglichkeit, trotz verschiedener Gesprächssituationen, zu eindeutigen Informationen zu gelangen.

Selbst bei unveränderten Variablen, wie bei einem identischen Expertenkreis und der gleichen Leitfragen, kann die Gesprächssituation, aufgrund der unterschiedlichen Antwortdarstellungen, nie identisch repliziert werden. Da zur Beantwortung

---

[147] Vgl. Helfferich, C.: 2014, S. 79f.

der Forschungsfragen nur die Kernaussagen relevant sind und durch die Struktur des Leitfadens die Wahrscheinlichkeit zur Erfassung der relevanten Informationen deutlich erhöht wird, lässt sich das Gütekriterium, im Rahmen der Datenerhebung, erfüllen. Da jedes Interview eine Kommunikationssituation darstellt und diese immer intersubjektiv ist, erfolgt an dieser Stelle eine Betrachtung des Prinzips der Kommunikation.[148] Im Rahmen der Interviewsituation bringen sowohl Interviewer als auch Interviewpartner ihre individuellen Wirklichkeitsbetrachtungen und Relevanzsysteme in die Kommunikation mit ein. Dadurch, dass der Interviewpartner und der Interviewer sich kennen, tritt in der Kommunikation ein Störeffekt auf.

Weitere Verzerrungen der Umfrageergebnisse können durch Intervieweffekte und Befragteneffekte entstehen. Je größer die Intervieweffekte und der Befragteneffekt sind, desto geringer ist die Verallgemeinerungsfähigkeit der Forschungsergebnisse. Bei dem Intervieweffekt werden sichtbare Merkmale sowie nicht-sichtbare Merkmale des Interviewers unterschieden. Unter den sichtbaren Merkmalen werden Verhaltensweisen, die Art des Fragens sowie das Alter und Geschlecht (Geschlechtereffekt) zugeordnet.[149]

Es lässt sich im Hinblick auf die sichtbaren Merkmale feststellen, dass der Interviewer viel jünger als die Experten ist. Dadurch besteht die Gefahr eines Hierarchiegefälles in der Gesprächssituation.

Bei den nicht-sichtbaren Merkmalen handelt es sich um Wahrscheinlichkeitserwartungen und Einstellungen des Interviewers. Da sich der Forscher im Vorfeld mit dem Forschungsgegenstand befasst hat, hat er eine subjektive Meinung zu Positive Leadership entwickelt. Demnach erwartet der Forscher bestimmte Antworten bei der Durchführung der Interviews. Befragteneffekte, wie eine explizite Verweigerung einer Antwort (Item-Nonresponse) sowie Angabe einer „Weiß-nicht-Antwort" gilt es durch die Steuerungsfragen bewusst zu umgehen. Die Gefahr der Antwort sozialer Erwünschtheit wird durch die Schaffung einer vertrauensvollen Atmosphäre reduziert.

---

[148] Vgl. Helfferich, C.: 2014, S. 79.
[149] Vgl. Kaiser R.: 2014, S. 81ff.

Ebenso können Interaktionseffekte auftreten. Die Interviewsituation erfolgt in vier von fünf Fällen in der Interaktion unterschiedlicher Geschlechter. Dieses Merkmal kann sich auf die Selbstpräsentation des Mannes oder der Frau auswirken.[150] Darüber hinaus gibt es weitere Interaktionseffekte. Der Eisbergeffekt besagt, dass durch Misstrauen oder Desinteresse gewisse Informationen vom Interviewpartner bewusst zurückgehalten werden.[151] Um diesen Effekt zu reduzieren, wird im Vorfeld das Interesse an der Interviewteilnahme abgefragt.

Durch eine zu dominierende Kommunikation des Experten, kann der sogenannte Paternalismuseffekt auftreten. Dabei steuert der Experte das Interviewgeschehen so stark, dass die eigentlichen notwendigen Informationen nicht angemessen erhoben werden können. Dieser Effekt lässt sich in der Vorbereitung auf die Interviewsituation nur abschwächen, indem der Interviewer eine konkrete Vorgehensweise bei der zu starken Kontrolle des Experten definiert.[152] Dies ist durch die Festlegung der Checkliste sowie Steuerungsfragen im Leitfaden gegeben.

Bei einem Rückkopplungseffekt hingegen, stellt der Experte dem Interviewer eine Rückfrage und beantwortet damit die eigentliche Frage nicht. Dies wird ebenfalls durch die vorbereitete Checkliste sowie die definierten Steuerungsfragen abgefangen.

Als letzten Interaktionseffekt ist der Katharsiseffekt zu nennen. In diesem Fall nimmt der Experte eine Selbstdarstellungsrolle ein und damit geht der eigentliche Zweck der Forschung verloren.[153] Diese Situation wurde durch das Zurückführen auf die konkreten Fragen gelöst. Zusammenfassend kann festgestellt werden, dass sich keiner der Interaktionseffekte auf die Interviewführung ausgewirkt hat.

Im Rahmen der Intersubjektivität wird ebenso die Interpretations-Intersubjektivität am Vorgehen reflektiert. Diese lässt sich aufgrund des beschriebenen Vorgehens bestätigen, da durch das konkrete Aufzeichnen aller Forschungsschritte anzunehmen ist, dass Einstimmigkeit über die Lesart und damit über Verständlichkeit für Dritte besteht.

---

[150] Vgl. Helfferich, C.: 2009, S. 154.
[151] Vgl. Kaiser, R.: 2014, S. 81.
[152] Vgl. ebd.
[153] Vgl. ebd.

5.3.1.2 Analysemethode

Da das komplette Interview paraphrasiert wurde und so alle Informationen beibehalten sind, erfüllt die Transkriptionsmethode das Kriterium der Intersubjektivität. Im Rahmen der weiteren Auswertungsmethoden wurden anhand des entwickelten Forschungsmodells nur relevante Paraphrasen übernommen, die Aussagen generalisiert und anschließend dem Kategorienschema zugeordnet. In diesen Prozessschritten lässt sich die Intersubjektivität nur noch hinreichend erfüllen. Mit der Vorgabe des Auswertungsschemas ist es für Dritte zwar möglich den Forschungsprozess durchzuführen, allerdings besteht die Gefahr, dass die Zuordnung von Aussagen nicht immer den gleichen Kategorien zugeordnet werden. Um die Intersubjektivität zu erhöhen, wird ein Kodierleitfaden mit genauen Definitionen sowie Ankerbeispielen entwickelt.

5.3.2 Offenheit

Die Offenheit wurde bereits im Methodenteil an verschiedenen Stellen andiskutiert. Im Hinblick der methodischen Kontrolle ist die Offenheit umso mehr gegeben, je weniger das Erhebungsinstrument standardisiert und je offener damit das Erhebungsverfahren ist. Auf der Ebene des Verstehens ist die Offenheit maximal, wenn der Interviewer so wenig wie möglich subjektive Voreingenommenheit in den Interviewprozess einbezieht.[154]

5.3.2.1 Datenerhebung

Da im Rahmen der Experteninterviews Deutungswissen zu der eigenen Person, des eigenen Teams und der eigenen Organisation abgefragt werden, besteht die Gefahr, dass die Interviewpartner dazu neigen, im Sinne der sozialen Erwünschtheit zu antworten. Da das Deutungswissen an einen subjektiven Träger gebunden ist, ist die Gefahr des Antwortens im Sinne der sozialen Erwünschtheit größer als bei der Abfrage von Kontextwissen. Dies liegt vor allem daran, dass Kontextwissen sehr einfach überprüfbar ist und es im Gegensatz dazu bei Deutungswissen keine „richtigen" oder „falschen" Aussagen gibt. So entsteht bei der Abfrage von Deutungswissen allein durch den Wissenstypus eine subjektive Verzerrung. Damit kann im Hinblick auf die Wissensform die Intersubjektivität nicht angenommen werden.

---

[154] Vgl. Helfferich, C.: 2014, S. 114.

Während der Interviewführung hängt die Offenheit der Antwortinhalte von der Vertrauensebene zwischen Interviewer und Interviewten ab. Je geringer das Vertrauen ist, desto weniger offen werden die Experten antworten und desto geringer kann das Kriterium der Offenheit erfüllt werden. Die Vertrauensbasis wird in der Interviewführung insofern geschaffen, als dass durch verschiedene Methoden der Verhaltenspsychologie (beispielsweise aktives Zuhören und angenehme Gesprächsatmosphäre) das Vertrauen erhöht wurde.

Demgegenüber lässt sich allerdings die Tatsache stellen, dass alle Interviewpartner aufgrund des gemeinsamen Arbeitsplatzes in einem Bekanntenverhältnis zu dem Forscher stehen. Dies kann einen Vorteil darstellen, da diese berufliche Beziehung Vertrauen schafft. Auf der anderen Seite kann dies auch ein Nachteil im Hinblick auf die Offenheit darstellen, da die Interviewpartner ihre persönliche Meinung nicht vor einem Kollegen äußern wollen. Um dieses Problem zu umgehen und die größtmögliche Offenheit während der Befragung zu gewährleisten, wird der Interviewte explizit darauf hingewiesen, dass die Ergebnisauswertung anonym erfolgt und die Ergebnisse einen Beitrag dazu leisten, das Unternehmen voranzubringen.

Durch die Gliederung des Messinstrumentes in verschiedene Themenschwerpunkte, lässt sich keine umfassende Offenheit gewährleisten, da die Interviewpartner nicht an jeder Stelle des Interviews ihre Meinung ohne neuen Impuls des Interviewers äußern können. Durch die Leitfragen wird eine gewisse Struktur vorgegeben, die zur Erfassung der Informationen dient und zur Beantwortung der Leitfragen notwendig ist. Dadurch, dass am Ende des Interviews der Experte die Möglichkeit hat, seine Meinung zu dem untersuchten Konstrukt zu äußern, lässt sich die Offenheit des Messinstrumentes wiederum erhöhen.

Zusammenfassend wird festgestellte, dass die Offenheit des Messinstrumentes bestätigt werden kann, da der Leitfaden so konstruiert wurde, dass die größtmögliche Offenheit und die minimal notwendige Strukturierung gegeben sind.

5.3.3 Analysemethode

Um dem Gütekriterium der Offenheit im Bereich der Datenanalyse zu entsprechen, muss es möglich sein, während der Forschungsarbeit das entwickelte Kategoriensystem zu verändern.[155] Diese Bedingung ist erfüllt, da die Kategorien des

---

[155] Vgl. Kaiser, R.: 2014, S. 145.

Kategoriensystems sowohl induktiv als auch deduktiv gebildet werden. Im gesamten theoriegeleiteten Verfahren müssen die Auswertungs- und Analyse-Regeln eindeutig definiert sein, sodass Dritte die Kernaussagen theoriegeleitet zuordnen und anschließend eindeutig interpretieren können.[156] Dadurch, dass die Forschungsfragen auf Basis der theoretischen Annahmen erstellt sowie erläutert werden, wird das Kriterium der Offenheit der Inhaltsanalyse erfüllt.

Darüber hinaus werden in der Darstellungsphase die Forschungsergebnisse im Hinblick auf die theoretischen Grundlagen des Konstruktes Positive Leadership diskutiert. Abschließend lässt sich damit feststellen, dass die Offenheit während der Analysephase erfüllt ist.

5.3.4 Reflexivität

Die beschriebene methodische Kontrolle der Offenheit ist in Experteninterviews durch verbale sowie nonverbale Steuerungen und Strukturierungen begrenzt. Das Prinzip der Reflexivität besagt, dass es keine objektive Wirklichkeit gibt.

Um dieses Gütekriterium zu erfüllen gilt es, den Erkenntnisprozess festzuhalten, damit der Forschungsprozess von Dritten theoriegeleitet zu den gleichen Ergebnissen führt.[157] Da die theoriegeleitete Vorgehensweise dargestellt ist und wird damit das Kriterium der Reflexivität erfüllt.

5.3.4.1 Datenerhebung

Der Erhebungskontext der Interviewsituation wird durch das Einbringen des Vorwissens des Forschers zum untersuchenden Forschungsgegenstand vorgegeben. Damit das Prinzip der Offenheit gewahrt wird sowie die Reflexivität als Kriterium weitestgehend erfüllt werden kann, wird bei der Interviewführung darauf geachtet, dass eine minimale Steuerung durch verbale und nonverbale Kommunikation stattfindet.

Unbewusste Erwartungen oder implizite Annahmen des Forschers und die des Interviewpartners sollen ebenfalls hinterfragt werden. Dies wird als reflektierte Subjektivität bezeichnet.

---

[156] Vgl. ebd.
[157] Vgl. Helfferich, C.: 2009, S. 156.

5.3.4.2 Analysemethode

Bei der Interpretation der Ergebnisse gilt es sich zu vergegenwärtigen, dass durch implizite Motive das Wissen von Interviewpartnern aufgrund eines Sympathiewertes oder der Zuweisung eine höhere Kompetenz stärker gewichtet wird als andere. Im konkreten Fall führt diese Selbstreflexion dazu, dass gewisse Meinungen durch Wahrnehmungsverzerrungen wichtiger erscheinen. Diese Verzerrung wird durch das systematische und theoriegeleitete Vorgehen behoben. Die Darstellung der theoriegeleiteten Vorgehensweise bei dem Gütekriterium Offenheit wurde bereits ausführlich beschrieben. Damit wird ebenfalls das Prinzip der Reflexivität bestätigt.

5.4 Konsistenzregel

In der standardisierten Forschung sagt der Erfüllungsgrad der internen Validität aus, ob mögliche Störfaktoren in der Datengewinnung und Datenauswertung kontrolliert werden können. Die externe Validität beschreibt die Repräsentativität der Forschungsergebnisse. Im Unterschied zu der quantitativen Forschung wird in der qualitativen Forschung eine Repräsentation des konkreten Forschungsergebnisses angestrebt.[158]

Im Rahmen der Auswertungsphase lässt sich, in Anlehnung an die interne Validität in der qualitativen Forschung, die Konsistenzregel als ein vergleichbares Gütekriterium heranziehen. Das Gütekriterium gilt dann als erfüllt, wenn die Lesart der Interviewauswertungen mit dem transkribierten Text konsistent ist. Demzufolge entspricht die Konsistenzregel ebenfalls dem herkömmlichen Gütekriterium der Reliabilität.[159] Da die Transkription des gesamten Interviews durchgeführt wird, lässt sich die Konsistenz bestätigen. Die Repräsentativität der Ergebnisse lässt sich über die Stichprobe erfüllen. Die Stichprobengröße umfasst fünf Interviews. Da die empirische Stichprobengröße zwischen fünf und 120 Fallzahlen variieren soll, wird das Kriterium erfüllt.

---

[158] Vgl. Kruse, J.: 2015, S. 57.
[159] Vgl. ebd.

6 Fazit und Ausblick

In dieser Schlussbetrachtung erfolgt eine Darstellung der gewonnenen Erkenntnisse, ein Ausblick für weitere Forschungen sowie ein Fazit.

6.1 Zusammenfassung der zentralen Erkenntnisse

Aus den literaturbasierten Erkenntnissen geht hervor, dass der Positive Leadership-Ansatz auf den drei Bereichen Vision, Stärken und Flow begründet werden kann. Demnach trägt der Einsatz von Unternehmensvisionen zur Orientierung in der Organisation bei und fördert die Motivation der Mitarbeiter. Weiterhin führt ein stärkenorientierter Einsatz von Mitarbeitern zur Erhöhung der Arbeitsproduktivität und zur Steigerung der Arbeitsleistung in Teams. Darüber hinaus werden durch den Flow-Zustand Glücksgefühle erzeugt und die Effizienz in der Tätigkeitsausübung erhöht. Durch die gegenseitige Beeinflussung und Begünstigung der drei Bereiche, wird wissenschaftlich bestätigt, dass Positive Leadership zur Leistungssteigerung von Unternehmen beiträgt.

Die Interviewbasierten Erkenntnisse zeigen, dass beide formulierte Forschungsfragen mithilfe der erhobenen Daten aus den Experteninterviews beantworten wurden. Die erste Forschungsfrage erfasst die umgesetzten Maßnahmen des Führungsansatzes und zeigt aktuelle Führungsherausforderungen der leitenden Angestellten auf. Folglich werden bereits Teamvisionen erarbeitet und Workshop-Initiativen veranstaltet. Als größte Hürde wird der Verlust der Sinngebung der Tätigkeit von Mitarbeitern, die nicht stärkenorientierte Personalentwicklung sowie der zu seltene Führungskräfte- und Mitarbeiterdialog angesehen. Mit einer Erfüllungsquote von 73 % zeigt sich, dass der Anspruch des Führungsansatzes, gemäß den theoretischen Grundlagen, nicht erfüllt ist.

Mit der zweite Forschungsfrage wird das Entwicklungspotenzial und die perspektivischen Maßnahmen des Positive Leadership-Ansatzes erfasst. Als relevanteste Entwicklungen wird die Bewusstheitsschaffung der Führungskräfte zum stärkenorientierten Teamaufbau, der bereichsübergreifende Führungskräfteaustausch sowie der Einsatz eines Führungskräfte Coaches bewertet. Als Maßnahmen wird vorgeschlagen, eine systematische Entwicklung einer Lernkultur zu fokussieren, den Anteil der Führungsaufgabe zu erhöhen sowie eine Austauschplattform für Führungskräfte zu implementieren. Mit einer Erfüllungsquote von 83 % zeigt sich, dass sich die Organisation entsprechend des Positive Leadership-Ansatzes förderlich entwickelt.

Aus den Erkenntnissen der Forschungsfragen lassen sich zum Einsatz von Positive Leadership konkrete Handlungsempfehlungen ableiten. Demzufolge wird vorgeschlagen, auf Top-Management Ebene eine neue Organisationseinheit in Form eines Chief Mindfulness Officers im Unternehmen aufzubauen. Dieser trägt die Verantwortung die Bewusstheit des Nutzens von Positive Leadership in der Organisation zu verankern, die Transformation zu einem zukunftsfähigen Führungsstil durchführen sowie konkrete Maßnahmen im Unternehmen implementieren. Um diese Prozesskette in allen Bereichen zu verankern, gilt es für jeden Bereich einen Führungskräftecoach einzusetzen, der durch kontinuierliche Dialoge und personalbezogenen Interaktionen mit der jeweiligen Abteilung zur Optimierung der förderlichen Führungskultur beiträgt.

6.2 Wissenschaftliche und praxisbezogene Implikation

Aufbauend auf der literaturbasierten Forschung wird ersichtlich, dass sich der Einsatz von Positive Leadership auf die Organisationen förderlich auswirkt. Anhand der Darstellung der drei Handlungsfelder Vision, Stärken und Flow, wird die unternehmensspezifische Ausrichtung des Positive Leadership-Ansatzes wissenschaftlich untermauert. Aus den Ergebnissen geht weiterhin hervor, dass durch die Bewusstheitsschaffung der förderlichen Wirkung von Positive Leadership, der Koordination von Austausch- und Kommunikationsplattformen über alle Managementebenen hinweg und der Umsetzung konkreter Maßnahmen durch eine zentrale Stelle das psychologische Kapitel des Unternehmers erhöht werden kann.

Diese Betrachtungsweise kann in der Praxis für Unternehmen als Rahmenbedingung und Ausrichtung organisatorischer Gestaltungsmuster des Führungsansatzes herangezogen werden. Als konkrete Handlungsempfehlung wird empfohlen neue Funktionen im Unternehmen zu schaffen. Demnach wird vorgeschlagen einen Chief Mindfulness Officer sowie Führungskräftecoaches zu einzustellen.

Bei der Betrachtung der Industriebranche wird ersichtlich, dass nur SAP als Konzern sich den positiven Wirkungen des Führungsansatzes zunutzen macht und verschiedene Verantwortungsbereiche im Unternehmen verankert hat.

6.3 Fazit

Aus den Ergebnissen der wissenschaftlichen Arbeit wird deutlich, dass die Erhöhung des psychologischen Kapitals positive Auswirkungen auf individueller, interpersoneller sowie organisationaler Ebene hat. Der Positive Leadership-Ansatz erhöht die psychologischen Voraussetzungen der Leistungssteigerung von Mitarbeitern und begünstigt leistungsbezogene Ergebnisse. Ein stärkenorientiertes Personalmanagement, eine agile Führungsumgebung und eine sinnvermittelnde Organisationskultur führen zur Erhöhung der emotionalen Bindung zum Arbeitnehmer, tragen zur Förderung der Arbeitsproduktivität bei und steigern die Einsatzbereitschaft von Mitarbeitern.

Demgegenüber lassen sich die Ergebnisse zur generalisierbaren Effekte des psychologischen Kapitals aus der Metaanalyse des Forschers AVEY stellen (51 unabhängigen Studien und 12.567 Befragte).[160] Mit der wissenschaftlichen Untermauerung zum Nachweis der generalisierenden positiven Wirkung von Positive Leadership, lassen sich die begünstigenden Resultate des Führungsansatzes aus der Forschungsarbeit untermauern und abschließend wie folgt darstellen:

- Erhöhung der Arbeitszufriedenheit und Steigerung der Mitarbeiterbindung an das Unternehmen
- Förderung der individuellen Stärken und Steigerung des Leistungsniveaus des Unternehmens
- Reduktion von Stress und Ängsten sowie Verringerung der Fluktuation[161]

---

[160] Vgl. Avey, J. B./Reichart, R. J./Luthans, F./Mhatre, K. H.: 2011, S. 127.
[161] Vgl. ebd., S. 132.

Literatur- und Quellenverzeichnis

Artikel und Bücher

Armutat, S./Bartholomäus, N./Franken, S.: Personalmanagement in Zeiten von Demografie und Digitalisierung. 1. Auflage. Wiesbaden. 2018

Avey, J. B./Reichart, R. J./Luthans, F./Mhatre, K. H.: Meta-analysis of the Impact of positive psychological capital on employee attitudes, behaviors, and performance. In: Human Resource Development Quarterly 22 (2). Nebraska. 2011, S. 127-152

Bogner, A./Littig, B./Menz, W.: Interviews mit Experten. 1. Auflage. Wiesbaden. 2014

Blickhan, D.: Positive Psychologie. 1. Auflage. Paderborn. 2015

Brandstätter, V./Schüler, J./Puca, M.R./Lozo, L.: Motivation und Emotion. 1. Auflage. Berlin. 2013

Buckingham, M.: the one thing you need to know...About great Managing, great leading and sustained individual success. 2. Auflage. London. 2006

Buckingham, M.: StandOut 2.0. 1. Auflage. Massachusetts. 2015

Buckingham, M./Coffman, C.: First, Break All The Rules: What The Worlds Greatest Managers Do Differently: What the World's Great Managers Do Differently. 1. Auflage. New York. 1999

Buckingham, M./Clifton, D. O.: Entdecken Sie ihre Stärken jetzt. Das Gallup-Prinzip für individuelle Entwicklung und erfolgreiche Führung. 1. Auflage. Frankfurt. 2014

Cameron, K. S.: Organizational Virtuousness and Performance. In: Cameron, K. S./Dutton, J. E./Quinn, R. E.: Positive Organizational Scholarship. Foundations of a New Discipline. 1. Auflage. San Francisco. 2003, S. 48-65

Cameron, K. S.: Positive Leadership. Strategies for extraordinary performance. 1. Auflage. San Francisco. 2008

Carlson, B./McKee, R. K./Robinson, C.: Purpose, Courage and Power:Taking Leadership to the Next Level. 1. Auflage. Austin. 2006

Cohn, M. A./Fredrickson, B. L.: Positive Emotions. In: Lopez, S. J./Snyder, C. R.: Oxford Handbook of Positive Psychology. 1. Auflage. Oxford. 2009, S. 13-24

Collins, J. C./Collins, J.: Der Weg zu den Besten: Die sieben Management-Prinzipien für dauerhaften Unternehmenserfolg. 1. Auflage. Frankfurt. 2011

Creusen, U./Eschemann, N.-R.: Zum Glück gibt´s Erfolg – Wie Positive Leadership zu Höchstleistung führt. 1. Auflage. Zürich. 2008

Creusen, U./Eschemann, N.-R./Thomas, J.: Positive Leadership – Psychologie erfolgreicher Führung. 1. Auflage. Wiesbaden. 2010

Creusen, U./Müller-Seitz, G.: Das Positive Leadership-GRID – Eine Analyse aus Sicht des Positive Managements. 1. Auflage. Wiesbaden. 2010

Csikszentmihalyi, M.: Finding Flow: The Psychology of Engagement with Everyday Life. 1. Auflage. New York. 1998

Csikszentmihalyi, M.: FLOW: Das Geheimnis des Glücks. 1. Auflage. Stuttgart. 2007

Esch, T.: Die Neurobiologie des Glücks: Wie die Positive Psychologie die Medizin verändert. 1. Auflage. Stuttgart. 2013

Flato, E./Reinbold-Scheible, S.: Zukunftsweisendes Personalmanagement. 2. Ausgabe. München. 2009

Gläser, J./Laudel, G.: Experteninterviews und qualitative Inhaltsanalyse als Instrument rekonstruierender Untersuchungen. 1. Auflage. Wiesbaden. 2006

Gleißner, W.: Future Value: 12 Module für eine strategische werteorientierte Unternehmensführung. 1. Auflage. Wiesbaden. 2004

Helfferich, C.: Die Qualität qualitativer Daten. 3. Auflage. Wiesbaden. 2009

Huhn, G./Backerra, H.: Selbstmotivation: Flow – Statt Stress oder Langeweile. 1. Auflage. München. 2008

Kaiser, R.: Qualitative Experteninterviews. 1. Auflage. Wiesbaden. 2014

Kerzka, M.: Gute Führung. Wiesbaden. 1. Auflage. 2017

Kuckartz, U.: Qualitative Inhaltsanalyse: Methoden, Praxis, Computerunterstützung. 1. Auflage. Weinheim und Basel. 2014

Kruse, J.: Qualitative Interviewforschung. 1. Auflage. Weinheim und Basel. 2015

Nakamura, J./Csikszentmihalyi, M.: Flow Theory and Research. In Snyder, C. R./Lopez, S. J.: Oxford Handbook of Positive Psychology. 1. Auflage. Oxford. 2009, S. 195-206

Pattakos, A.: Gefangene unserer Gedanken: Viktor Frankls 7 Prinzipien, die Leben und Arbeit Sinn geben. 2. Auflage. Wien. 2015

Rath, T./Conchie, B.: Führungsstärken – Was erfolgreiche Führung auszeichnet. 5. Auflage. München. 2016

Rheinberg, F.: Freude am Kompetenzerwerb, Flow-Erleben und motivpassende Ziele. In: von Salisch, M.: Emotionale Kompetenz entwickeln. 1. Auflage. Stuttgart. 2002, S. 179-206

Rheinberg, F.: Motivation. 7. Auflage. 2008

Rheinberg, F./Vollmeyer, R./Engeser, S.: Die Erfassung des Flow Erlebens. In: Stiensmeier-Pelster, J./Rheinberg, F.: Diagnostik von Motivation und Selbstkonzept. 1. Auflage. Göttingen. 2003, S. 261-279

Rolfe, M.: Positive Psychologie und organisationale Resilienz. 1. Auflage. Wiesbaden. 2019

Schnell, R./Hill, P./Esser, E.: Methoden der empirischen Sozialforschung. 1. Auflage. München. 2008

Seligman, M. E. P.: Authentic happiness: Using the new positive psychology to realize your potential for lasting fulfillment. 1. Auflage. New York. 2002

Sinek, S.: Start with why. 1. Auflage. London. 2009

Sinek, S.: Leader eat last. 2. Auflage. London. 2017

Stahl, H. K.: Leistungsmotivation in Organisationen. 2. Auflage. Berlin. 2013

Tomoff, M.: Positive Psychologie in Unternehmen. 2. Auflage. Wiesbaden. 2018

Vochezer, R.: Wissenschaftliches Arbeiten und Studienmethodik. 1. Auflage. Stuttgart. 2008

Von Au C.: Wirksame und nachhaltige Führungsansätze. 1. Auflage. Wiesbaden. 2016

Wilz, G./Risch, A. K./Töpfer, N. F.: Das Ressourcentagebuch. 1. Auflage. Wiesbaden. 2017

Zur Bonsen, M.: Führen mit Vision. 1. Auflage. Wiesbaden. 1994

Fachzeitschriften und Publikationen

Ernsting, A./Schwarzer, R./Lippke, S./Schneider, M.: Relationship between health climate and affective commitment in the workplace. In: International Journal of Health Promotion and Education, 51(4). 2013, S. 172-179

Seligman, M. E. P./Csikszentmihalyi, M.: Positive psychology: An introduction. In: American Psychologist, 55(1), Januar. 2000, S. 5-14

Sin, N. L./Lyubomirsky, S.: Enhancing well-being and alleviating depressive symptoms with positive psychology interventions: A practicefriendly Metaanalysis. In: Journal of Clinical Psychology, 65(5), Mai. 2009, S. 467-487

Wong, P.: Positive Psychology 2.0: Towards a balanced interactive model of the good life. In: Canadian Psychological Association. 52 (4). Ottawa. 2011, S. 69-81

Internetquellen

(o.V.): Gallup Engagement Index 2018: Gallup Engagement Index 2018 – Die Unternehmenskultur entscheidet maßgeblich über den wirtschaftlichen Erfolg. 2018. URL: https://www.gallup.de/183104/engagement-index-deutschland.aspx (01.05.2019).

Rohde, S.: Warum Weltkonzern SAP Manager und Mitarbeiter das Meditieren lehrt. 2017. URL: https://www.stern.de/wirtschaft/job/stressreduktion--sap-organisiert-angestellten-meditation-im-buero-7590186.html (03.06.2019).